AF747946

LE NÉOCONSTITUTIONNALISME AFRICAIN

Collection « Études africaines »
dirigée par Denis Pryen et son équipe

Forte de plus de mille titres publiés à ce jour, la collection « Études africaines » fait peau neuve. Elle présentera toujours les essais généraux qui ont fait son succès, mais se déclinera désormais également par séries thématiques : droit, économie, politique, sociologie, etc.

Dernières parutions

Éric Wilson FOFACK et François-Xavier ÉLONG FILS (dir.), *Les dynamiques de construction du leadership du Cameroun en Afrique centrale, Regards pluriels,* 2019.
Alain Roger PEGHA, *Survivances de la culture égypto-nubienne chez les Bantu. Essai sur les fondements pharaoniques de la renaissance africaine*, 2019.
Georges DUPRÉ, *Koto, l'égalité nécessaire, Savoir et pouvoir dans une société clanique, Les Nzèbi du Congo et du Gabon*, 2019.
Arthur VIDO, *Biographie du roi Kpengla du Danhomè,* 2019
Claude IGUMA WAKENGE, *Stade coltan, Extraction minière artisanale, réformes et changement social à l'est de la République démocratique du Congo,* 2019.
Phidias AHADI SENGE MILEMBA, *États de l'État en Afrique, Des déficiences fonctionnelles aux perspectives d'un horizon possible*, 2019.
Nestor Kobenan TAN, *L'Église au défi des identités, Pastorale de l'interculturalité en Côte d'Ivoire*, 2019.
Gervais MUBERANKIKO, *La protection du locataire-gérant en droit OHADA, Nouvelle édition*, 2019.
Mamadou Diarafa DIALLO, *L'hygiène en milieu de soins au Mali, Entre représentations, normes et pratiques,* 2019.
Galedi NZEY, *La formation des professeurs du second degré au Gabon (1971-2010)*, 2019.
Olivier FANDJIP, *Le temps dans le contentieux administratif en droit français et des États d'Afrique francophone*, 2019.

Kayamba Tshitshi Ndouba

LE NÉOCONSTITUTIONNALISME AFRICAIN

Tendances et trajectoires

Préface du professeur Isaac Bazié

L'Harmattan

Du même auteur

Inmigración, conflictos sociales y segregación residencial. Estudio de casos,
Madrid, Editorial Académica Española, 2018.

Agonie et fin de la Ire République du Congo-Kinshasa,
Paris, L'Harmattan, 2018.

La paradoja francesa. De la asimilación al multiculturalismo "a la francesa",
Pamplona, Thomson Reuters Aranzadi, 2016.

(dir.), *Inmigración y comunidades religiosas. Implicaciones para políticas públicas de integración de inmigrantes*,
Madrid, Instituto de Estudios jurídicos Internacionales, 2012.

© L'Harmattan, 2019
5-7, rue de l'Ecole-Polytechnique, 75005 Paris
http://www.editions-harmattan.fr
ISBN : 978-2-343-18478-4
EAN : 9782343184784

À ma fille Doucette Kalombo Kayamba, mon G.B.

PRÉFACE

Le Laboratoire des Afriques Innovantes est fier d'accueillir cette contribution majeure d'un de ses membres, le professeur Kayamba Tshitshi Ndouba. Ce livre participe de manière notable à la constitution des savoirs critiques et à la formulation de propositions originales sur l'une des questions fondamentales de la vie du continent africain : la question constitutionnelle. À la veille de la publication de ce livre sur le néoconstitutionnalisme africain, nous assistons à la signature de la Déclaration de Niamey, concluant le sommet sur le constitutionnalisme et la limitation des mandats présidentiels qui s'est tenu au Niger du 2 au 4 octobre 2019. Il s'agit d'une importante « Déclaration de principes en faveur du constitutionnalisme, de l'État de droit et du respect de la durée du mandat présidentiel ». La réflexion que propose Kayamba Tshitshi Ndouba n'est donc pas seulement rigoureuse, elle est également d'une pertinence et d'une urgence telles que le montre l'actualité des débats actuels dans les démocraties africaines.

Mais avant d'aller plus loin, prenons la mesure de ces débats : l'analyse de l'évolution du mouvement constitutionnel en Afrique noire s'effectue systématiquement sous une double grille : l'orientation mimétique du constitutionnalisme africain en rapport avec l'Occident d'une part, et d'autre part, la sédimentation et les opérations de synthèse qui résultent des expériences africaines de consolidation démocratique. Cette double grille d'analyse infère donc la vision dichotomique des paradigmes des études africaines qui s'élaborent entre les concepts d'*ingénierie africaine* et la considération de l'Afrique comme *un espace d'isomorphisme.*

L'ouvrage *Le néoconstitutionnalisme africain. Tendances et trajectoires* du professeur Kayamba Tshitshi Ndouba rend globalement compte de ces débats intellectuels sur l'Afrique et son rapport au monde. Il le fait de manière à mettre en évidence les aspects innovants du néoconstitutionnalisme africain, avec une perspective à la fois diachronique et comparative. Kayamba Tshitshi Ndouba situe le phénomène constitutionnel africain dans son contexte historique, en termes de continuité ou de rupture radicale avec les antécédents institutionnels des décennies antérieures (de l'héritage colonial aux conférences nationales). La thèse principale qui s'en dégage suggère que les vicissitudes manifestes de ce nouveau droit constitutionnel « en mouvement » dans les pays d'Afrique noire fournissent des éléments théoriques d'une portée non négligeable pour une théorie « globale » et contemporaine de la constitution. En intégrant la dimension temporelle pour penser les imbrications de la notion du pouvoir et du droit dans les sociétés africaines dans leur historicité postcoloniale, l'ouvrage fait ressortir, en dernière analyse, l'évaluation critique des héritages institutionnels et la mise en place progressive des dispositifs institutionnels innovants inspirés par les « spécificités » africaines, « l'appel de l'Histoire » et les nouvelles aspirations populaires qui s'expriment, de plus en plus, au travers d'une forte mobilisation des tiers pouvoirs et de la rue.

Ce faisant, cet ouvrage a prise directe sur les dynamiques profondes et les bouleversements majeurs à l'origine d'une sorte de nouvelle carte des pouvoirs et des moteurs de changements, tels qu'observés antérieurement par Mbembe et Sarr quand ils affirment : « À peu près partout, de nouveaux territoires de vie se font jour. Des pratiques informelles du politique remettent en cause et bousculent ce qui, jusqu'alors, passait pour le sens commun. La démocratie elle-même se réinvente à partir des lieux de la vie ordinaire »[1]. Dans un tel contexte, le mérite d'une recherche digne de ce nom est de rendre justice à cette nouvelle cartographie du politique, portée par des expériences africaines, et de manière notable, à l'extérieur des lieux conventionnels. C'est ce que fait Kayamba Tshitshi Ndouba.

Si l'Afrique a été pourvoyeuse de matières premières pendant des siècles, elle se constitue en ce troisième millénaire comme le lieu d'une provision critique de nature particulièrement originale du fait du cumul des influences exogènes et endogènes qui s'y observe. Au risque d'en faire un essentialisme, il n'est pas exagéré de dire que l'Afrique est devenue *naturellement,* grâce aux Histoires qui l'ont marquée, un laboratoire de la pensée innovante. Cette pensée critique et innovante qui embraie sur les expériences africaines, vers le monde, et que je qualifie d'*afrofuge* – parce que partant de l'Afrique comme centre, vers le monde –, ne trouve son mordant réel qu'à partir du moment où elle rend justice aux héritages venus du vaste monde vers l'Afrique, *afropètes* donc, exogènes et maintenant faisant partie des réalités du continent.

Les analyses produites dans cet ouvrage s'inscrivent dans cette perspective critique : elles convoquent les orientations théoriques eurocentriques du « constitutionnalisme global » qui tendent à négliger le point de vue et

---

[1] Achille Mbembe et Felwine Sarr, « Penser pour un nouveau siècle », dans *Écrire l'Afrique-Monde*, Dakar, Jimsaan, 2017, p. 10. (pp. 7-13).

la contribution de l'Afrique au « patrimoine » et à la « pensée constitutionnelle universelle ». Le professeur Kayamba Tshitshi Ndouba égraine, savamment d'ailleurs, les dimensions « endogènes » sociales et culturelles, politiques et psychologiques africaines qui sont présentes dans « les salles des machines » des constitutions issues du regain démocratique des années 1990 du siècle dernier. On dénote alors une maîtrise parfaite de l'ingénierie constitutionnelle qui échafaude solidement les bases métajuridiques et identitaires du constitutionnalisme africain avec des principes juridiques et des doctrines politiques empruntés à d'autres systèmes constitutionnels. Cette opération de synthèse des données positives et négatives du « passé constitutionnel » met en perspective le constitutionnalisme africain avec les exigences du monde contemporain et les mutations qui se dessinent pour l'avenir. Elle révèle des pistes stimulantes que l'Afrique noire emprunte pour construire des modèles constitutionnels particulièrement adaptés aux sociétés africaines. Ceci renforce la légitimité des quêtes, des démarches et des modèles africains de gouvernance politique.

Cependant, cette opération de synthèse ne s'est pas faite sans heurts ni malheurs. Les contingences de sortie de l'autoritarisme ont, tout naturellement, parsemé le parcours constitutionnel africain d'une série de crises constitutionnelles et d'écueils à évincer dans la scène politique africaine. À ce propos, le professeur Kayamba Tshitshi Ndouba examine ces différentes manifestations de crises : d'abord, une crise de la démocratie électorale, suivie d'une crise de normativité ou de la suprématie de la constitution et enfin une crise des contre-pouvoirs politiques et juridictionnels. Ses analyses saisissent ces distorsions sous le prisme d'une « recomposition technique », d'un nouvel assemblage émergent. Cet assemblage s'inscrit dans un processus de transition allant d'un constitutionnalisme de sortie de crise (ou de création d'un nouvel ordre constitutionnel) vers un constitutionnalisme de consolidation du nouvel ordre constitutionnel démocratique. Ce qui pousse à interpréter ces anormalités comme des phénomènes transitoires.

En conclusion, cet *opus* déploie les grands questionnements et tendances du néo-constitutionnalisme africain. Il pointe aussi des modalités conceptuelles, théoriques et pratiques de création et de développement d'un constitutionnalisme africain, qui serait un constitutionnalisme réhabilité dans son africanité, et partant, contextualisé.

Je félicite le professeur Kayamba Tshitshi Ndouba pour cette excellente contribution qui s'inscrit dans la perspective du LAFI. Je suis convaincu que les étudiant.e.s, professeur.e.s et chercheur.e.s universitaires, les spécialistes des questions africaines, mais également toute personne intéressée aux questions de droit et de politique y trouvera une matière stimulante et des outils utiles pour investir les réalités d'une Afrique complexe et en rapide mutation.

Isaac Bazié, professeur titulaire
Département d'études littéraires
Laboratoire des Afriques Innovantes (LAFI)
Université du Québec à Montréal (UQÀM)

INTRODUCTION

Ayant tiré les leçons d'expériences passées malheureuses, la rupture avec les décennies de monolithisme politique et social était consacrée, en Afrique noire, par l'adoption des constitutions « originelles » qui avaient structuré une philosophie nouvelle du « plus jamais ça ». Dans leurs contenus, les nouvelles constitutions issues du regain démocratique des années 1990 recélaient l'esprit et l'ambition des constituants d'établir des régimes stables, mais non tyranniques, au travers des digues et des barrières contre toute velléité autoritaire et toute tendance de personnification du pouvoir, en institutionnalisant le conflit politique et ses modes de régulation. C'est ainsi que, sous l'angle de l'aménagement du pouvoir, ces nouvelles constitutions échafaudaient une architecture institutionnelle garantissant la liberté, la séparation des pouvoirs et l'État de droit. Elles étaient donc dépouillées de toute dimension prétendument « africaniste », marquant plus ou moins l'existence d'une culture juridico-politique universelle qui transcende les particularismes et relativise l'existence d'une irréductibilité africaine[2].

De ce point de vue, le renouveau constitutionnel des États d'Afrique noire francophone révèle des avancées

[2] L. Sindjouin (1997), « La formation du patrimoine constitutionnel des sociétés politiques : éléments pour une théorie de la civilisation politique internationale », *Séries de monographies du CODESRIA*, 2/97.

notables, positives et originales qui se sont dégagées à l'épreuve du temps et qui, à la longue, peuvent être considérées comme des éléments du « patrimoine constitutionnel africain »[3]. À ce jour, il est indéniable que l'Afrique s'est résolument engagée dans la voie de la démocratie, malgré quelques échecs non moins déplorables[4]. L'obligation de respecter la constitution est de rigueur, car toute action anticonstitutionnelle est systématiquement dénoncée par les institutions, les acteurs politiques et la société civile mobilisée, et l'intervention des juridictions constitutionnelles est requise pour corriger les « anomalies » de la vie politique.

Cependant, la consolidation des acquis démocratiques est une phase distincte de la transition, car, « à la sortie de l'autoritarisme, en fonction d'une configuration particulière donnée par le jeu entre contraintes structurelles, héritages du passé, architectures institutionnelles et stratégies des acteurs, un pays peut se doter d'institutions démocratiques durables ou, au contraire, retomber dans l'autoritarisme »[5]. Dans le cas concret des pays francophones d'Afrique noire, l'euphorie consécutive aux acquis du constitutionnalisme issu du grand tournant des transitions des années 1990, en ce qui concerne la valorisation de l'idée de Constitution et de perfectionnement des règles relatives à l'exercice du pouvoir et des mécanismes de garantie et de protection des droits de la personne et du citoyen, a laissé place à des désappointements. En effet, les constitutions africaines étaient, tour à tour, tantôt as-

---

[3] T. Ondo (2014), « Réflexions sur les tendances (positives) du néoconstitutionnalisme africain : morceaux choisis », *Revue du Conseil constitutionnel,* n° 4, 2014, pp. 365-396.

[4] B. Guèye (2009), « La démocratie en Afrique : succès et résistances », *Pouvoirs*, n° 129, avril 2009, pp. 5-26.

[5] M. Gazibo (2005), *Les paradoxes de la démocratisation en Afrique. Analyse institutionnelle et stratégique*, Presses universitaires de Montréal, p. 19.

servies par les faits, tantôt desservies par le droit[6]. Des dérapages et déviations constitutionnelles inquiétants s'ensuivirent quelques années plus tard : instabilité politique, incapacité d'organiser des élections libres, concurrentielles, crédibles et incapacité d'assurer une alternance politique apaisée, révisions constitutionnelles « à la sauvette » et taillées sur mesure. Ces épisodes dénotaient une régression évidente et mettaient en exergue l'épineuse controverse de l'ancrage social, politique et juridique du constitutionnalisme en Afrique noire, renforçant les critiques exprimées sur l'effectivité, l'efficacité et la solidité du constitutionnalisme en Afrique.

Partant de ces prémisses d'intégration des paradoxes desservis par la trajectoire du constitutionnalisme africain et à la lumière des évolutions plus récentes, il conviendrait d'interroger les tendances et les projections des expériences et développements ayant cours durant les dernières décennies dans la sphère constitutionnelle des États francophones d'Afrique. Les évolutions du néoconstitutionnalisme africain projettent-elles un « mirage » démocratique, obnubilant une restauration autoritaire ? À l'opposé, ces expériences peuvent-elles s'inscrire dans le registre d'un processus de maturation vers un constitutionnalisme authentiquement africain ? Ces développements constituent-ils un élément de recul ou une dimension de mutation nécessaire et de stabilisation de l'évolution constitutionnelle en Afrique noire ? Telles sont les questions fondamentales qui inspirent les analyses de cet ouvrage.

Partant de ces questionnements, cet ouvrage s'invite donc au débat sur l'intelligibilité du « nouvel usage » de la constitution en Afrique noire en mettant en perspective les tendances et les innovations « *made in Africa* » autour

---

[6] K. Dosso (2012), « Les pratiques constitutionnelles dans les pays d'Afrique noire francophone : cohérences et incohérences », *Revue française de droit constitutionnel,* 2012/2 (n° 90), pp. 57-85.

desquelles se redynamisent les nouvelles articulations des processus politiques en marche dans les pays francophones d'Afrique noire. Pour ce faire, l'*opus* débride les tendances et trajectoires du néoconstitutionnalisme africain au travers de trois versants :

D'abord, il appréhende et décloisonne les principaux acquis normatifs du néoconstitutionnalisme africain. En effet, la fabrique des « constitutions originelles », fondatrices de nouveaux régimes démocratiques, signale l'ampleur des revendications démocratiques des années 1990. En vue de mettre au point de nouvelles institutions efficaces et adaptées, de promouvoir l'intériorisation de la culture démocratique et d'amélioration de la gouvernance institutionnelle, les constituants africains avaient fait preuve d'une maîtrise de l'ingénierie constitutionnelle, jamais connue dans l'histoire politique de l'Afrique. Ce processus initié durant les années de transition a débouché sur des innovations décisives et des articulations nouvelles, érigeant, du moins formellement, des « remblais, des digues et des barrages, pour s'assurer qu'aucun des pouvoirs ne sorte de son lit pour submerger les autres ». Afin de sanctionner la rupture définitive avec l'autoritarisme, les constituants « originels » ont élaboré des recettes constitutionnelles « de précaution » dont les éléments ont été diversement dosés selon les pays, pour répondre aux attentes des « forces vives de la Nation »[7]. Même si ces recettes font constamment l'objet de plusieurs remodelages, replâtrages et adaptations conjoncturels selon les dynamiques propres du « jeu des relations politiques » entre acteurs, sous les influx de certains facteurs structurels économiques, enjeux sociétaux et interactions géopolitiques, elles ont configuré un

[7] S. Bolle (2005), « Des constitutions made in Afrique », communication au VIe congrès de droit constitutionnel, Montpellier, 9, 10 et 11 juin 2005.

socle des acquis formels incontournables dans la projection de la vie constitutionnelle et politique des pays francophones de l'Afrique noire. Le dynamisme et les vicissitudes de la vie politique en Afrique noire ont progressivement consolidé une expertise et une ingénierie constitutionnelles propres à l'Afrique noire, manifestes par la conception des mécanismes et des procédures (*constitutional design*) destinés à l'optimisation des règles d'organisation du pouvoir dans l'État et par la production d'un certain rééquilibrage et de nouvelles articulations des institutions politiques.

Ensuite, l'ouvrage analyse et met en perspective certaines manifestations de crise et des distorsions des ordres constitutionnels qui s'opèrent dans le néoconstitutionnalisme africain. D'abord, une crise de la démocratie électorale, suivie d'une crise de normativité ou de la suprématie de la constitution et, enfin, une crise des contre-pouvoirs politiques et juridictionnels. Ces distorsions sont tributaires des contraintes structurelles et des facteurs réels qui concourent dans l'exercice du pouvoir politique. Ces anormalités peuvent être saisies, aux plans juridique et politique, comme des limites du « constitutionnalisme libéral » en Afrique, et interprétées comme des phénomènes transitoires d'un processus de consolidation démocratique authentiquement africain, qui aspire à plus d'effectivité, mais éloigné de l'autoritarisme de jadis.

En outre, au travers de l'analyse de deux cas des trajectoires constitutionnelles des pays francophones de l'Afrique, le Mali et le Tchad, l'ouvrage met en perspective comparative les expériences de régression ou de consolidation des acquis des transitions démocratiques des années 1990. En effet, la compréhension de la traçabilité constitutionnelle, des ruptures et des continuités de ce nouveau droit constitutionnel « en mouvement » dans les pays d'Afrique noire, fournit des éléments théoriques d'une portée non négligeable à partir de l'explication et de la corrélation des étapes et des composantes de cette production constitutionnelle post transition, par rapport aux constitutions « originelles », fondatrices des nouveaux régimes africains. Cette opération de contextualisation et de sélection de cas d'étude (cadres constitutionnels comme objets à comparer) nous semble la plus appropriée pour établir les quatre célèbres canons d'induction de Stuart Mill[8], qui couvrent les relations de causalité : concordance, différence, résidus et variations concomitantes.

Cependant, on ne peut comprendre les trajectoires constitutionnelles en Afrique sans approfondir la question des fondements du renouveau constitutionnel africain, qui renvoie inévitablement aux modalités, et les opérations d'imbrication et de combinaison des phénomènes de droit et de pouvoir qui forment la trame du droit constitutionnel, car les deux phénomènes se conçoivent et s'expriment différemment selon les sociétés, les cultures et les moments historiques[9]. La compréhension des fondements du néoconstitutionnalisme contribuera à rendre compte des trajectoires du néoconstitutionnalisme africain et de saisir non seulement les facteurs structurants de cette évolution, mais aussi les variables qui conditionnent ces trajectoires évolutives.

Le champ géographique de cette étude du néoconstitutionnalisme africain s'étend aux États d'Afrique noire

---

[8] Voir J. Stuart Mill (1843), *Système de logique déductive et inductive. Exposé des principes de la preuve et des méthodes de recherche scientifique.* Traduction française réalisée par Louis Peisse à partir de la 6e édition anglaise de 1865, Paris, Librairie philosophique de Ladrange, 1866, plus spécifiquement le livre III : *De l'induction,* chapitre VIII, « Des quatre méthodes de recherche expérimentale ».

[9] M. Kamto (1987), *Pouvoir et droit en Afrique noire. Essai sur les fondements du constitutionnalisme dans les États d'Afrique noire francophone*, Paris : LGDJ.

francophone, pointant les États de l'Afrique occidentale d'expression française et les ex-colonies belges d'Afrique centrale : Bénin, Cameroun, Gabon, République centrafricaine, Togo, Mali, Burkina Faso, Côte d'Ivoire, Sénégal, Niger, Rd. Congo, Congo Brazzaville, Rwanda et Burundi. Exclusion faite des autres territoires français d'Afrique noire : Djibouti et Comores. Madagascar ne fait pas partie de l'Afrique noire.

Ce choix ne peut être exempt des critiques bien fondées, du fait qu'il s'inspire du fait colonial pour scinder les États africains en groupes francophones, anglophones ou lusophones. Avec raison, il paraît à tout égard illogique de faire prévaloir une incidence coloniale pour expliquer des situations actuelles. Cependant, il sied de noter que ce choix s'inspire des arguments développés par le doyen DG Lavroff[10] et Gérard Conac, qui se résument en deux éléments de justification de ce regroupement : la communauté de langage et les similitudes, notamment en matières politique et constitutionnelle.

Le premier élément, d'ordre contemporain, repose sur l'utilisation de la langue française comme langue nationale ou langue officielle. En effet, l'utilisation d'une langue n'est pas purement technique, mais elle affecte aussi les modes de pensées. En second lieu, « il est également remarquable que les États francophones participent à un même système juridique. Ce fait influence non seulement la forme des règles constitutionnelles, mais encore leur contenu et la conception que l'on se fait de l'organisation politique. » C'est dans cette optique que l'argument de

---

[10] D.G Lavroff (1976), *Les systèmes constitutionnels en Afrique noire. Les États francophones*, Paris : Éditions Pedone.
G. Conac (dir.) (1979), *Les institutions politiques des États francophones d'Afrique noire*, Paris : Economica.
G. Conac (dir.) (1979), *Les institutions administratives des États francophones d'Afrique noire*, Paris : Economica.

l'alignement des constitutions des États francophones d'Afrique noire aux règles du jeu politique et des institutions de la Constitution française du 4 octobre 1958 (Ve République) dévoile tout son potentiel comme outil d'analyse et de compréhension des systèmes politiques des États d'Afrique noire francophone. En effet, « même si la doctrine française a majoritairement récusé la notion de "régime semi-présidentiel" systématisée par Maurice Duverger, les protagonistes des débats constitutionnels africains y font systématiquement référence. Et la plupart des constitutions africaines contemporaines organisent les institutions selon le schéma décrit dans les régimes semi-présidentiels : un président de la République élu au suffrage universel et doté de notables pouvoirs propres et un Premier ministre et un gouvernement responsables devant les chambres parlementaires. »[11] C'est donc l'argument du « modèle » français et de ses soi-disant « doubles » ou copies certifiées conformes[12], pour ne prendre que des textes organisant des régimes semi-présidentiels, ou même les prévarications ou déviations du modèle, en matière de rupture.

Il convient d'avertir que cette analyse du développement constitutionnel, qui se circonscrit à quelques États francophones d'Afrique noire, ne prétend pas apporter une réponse et une explication à tous les problèmes du nouveau constitutionnalisme africain, mais peut donner des éléments pour leur compréhension.

---

[11] S. Bolle, « Quelle Constitution du 4 octobre 1958 les Africains copient-ils ? », 23 août 2008.
http://www.la-constitution-en-afrique.org/article-22182735.html

[12] C'est le cas de la Constitution gabonaise de 1991, la Constitution burkinabé de 1991, ou la Constitution centrafricaine de 2004.

CHAPITRE 1

DIALOGUE DES « CONSTITUTIONNALISMES DU SUD ». NÉOCONSTITUTIONNALISME, NOUVEAU CONSTITUTIONNALISME LATINO-AMÉRICAIN ET NÉOCONSTITUTIONNALISME AFRICAIN

Le constitutionnalisme traduit le phénomène constitutionnel en mouvement. Aujourd'hui planétaire, le constitutionnalisme a été diversement assimilé, selon les contingences historiques, sociopolitiques, culturelles et économiques de chaque société, produisant ainsi des spécificités et des versions adaptées.

En général, le concept de « néoconstitutionnalisme » évoque à la fois le mouvement d'écriture des nouvelles constitutions issues de la troisième vague de démocratisation[13], et le dépassement du contenu matériel traditionnel du droit constitutionnel classique, y ajoutant des mécanismes de contrôle et de garantie de la constitution ou la création d'autorités indépendantes des pouvoirs législatif

---

[13] S. Huntington (1991), *The Third Wave: Democratization in the Late Twentieth Century*, Norman, University of Oklahoma Press.
A. Cabanis André, M. L. Martin (2010), *Le constitutionnalisme de la troisième vague en Afrique francophone*, Bruylant-Academia.
Voir aussi S. Pierre-Caps (2015), *Droits constitutionnels étrangers*, Paris, PUF, 2e éd. 2015, pp. 191-192.

et exécutif, qui ont à la fois harmonisé, mais également standardisé les constitutions[14].

1.1 Le néoconstitutionnalisme, une théorie du droit

Une abondante littérature académique envisage le néoconstitutionnalisme comme une théorie du droit, puisqu'il articule ses réflexions et analyses sur les processus de conversion de l'État de droit à l'État constitutionnel de droit, ainsi que sur la portée et les conséquences pratiques de la dimension positive de la constitution[15]. Dans

---

[14] F. Hourquebie (2014), « Néoconstitutionnalisme et contenu des constitutions de transition : quelle marge de manœuvre pour les constitutions de transition ? », *Annuaire international de justice constitutionnelle*, 30-2014, 2015. « Juges constitutionnels et doctrine – Constitutions et transitions », pp. 587-602.

Pour le professeur Honquerbie, le néoconstitutionnalisme désigne « l'ensemble des mécanismes comparatifs qui sont destinés à favoriser les interactions entre les mouvements de reconstruction des constitutions et qui constituent des sources d'inspiration commune pour la détermination du contenu des constitutions. Alors que ce contenu était traditionnellement limité à l'identification institutionnelle des pouvoirs et à leurs relations, la protection des droits et libertés fondamentaux, l'apparition de mécanismes de contrôle et de garantie de la constitution ou la création d'autorités indépendantes des pouvoirs législatif et exécutif ont à la fois harmonisé, mais également standardisé les constitutions. »

[15] Voir les arguments de Viciano Pastor R. et Martínez Dalmau R. (2010), « Aspectos Generales del nuevo constitucionalismo latinoamericano », dans *El nuevo constitucionalismo de América Latina. Memorias del encuentro internacional El nuevo constitucionalismo: desafíos y retos para el siglo XXI.* Quito : Corte Constitucional Ecuador, p. 17 et suivantes.

Voir aussi l'œuvre collective sous la direction de Carbonell (éd.) (2007), *Teoría del neoconstitucionalismo. Ensayos escogidos*, Madrid, Trotta-UNAM, Instituto de Investigaciones Jurídicas.

En outre, les auteurs qui suivent ont aussi développé certains aspects comparatifs entre le néo-constitutionnalisme et le nouveau constitutionnalisme latino-américain :

Sosa Sacio J. M. (2009), « Nuestros neoconstitucionalismos (Estudio preliminar) », dans Sosa Sacio J. M. (coord.), *Pautas para interpretar la Constitución y los derechos fundamentales*, Lima, Gaceta Jurídica.

cette perspective, le point nucléaire de cette théorie du droit s'avère être les enchaînements et résultats de la constitutionnalisation de l'ordre juridique (le constitutionnalisme normatif) au sein des États modernes. Pour Comanducci[16], l'un des plus grands théoriciens de ce courant, le néoconstitutionnalisme n'est pas simplement un courant doctrinal qui théorise et défend la nouvelle forme du constitutionnalisme qui s'installe en Europe dans la seconde moitié du XXe siècle avec les constitutions de l'après-guerre. Dans sa version la plus complète, le néoconstitutionnalisme renferme toute une déclaration de principes : il proclame le changement de paradigme juridique et s'impose comme la théorie du droit de la nouvelle ère, qui surpasse et laisse derrière lui le positivisme juridique et le *jusnaturalisme.* Ces propos de Comanducci révèlent que le terme « néoconstitutionnalisme » s'aligne à la fois comme une critique théorique des positions doctrinales positivistes et formalistes, et comme une doctrine philosophique orientée vers les potentialités des nouveaux catalogues des droits de la personne qui apparaissent au sein des constitutions de l'après-guerre.

Benavides Ordóñez J., « Neoconstitucionalismo, nuevo constitucionalismo latinoamericano y procesos constituyentes en la región andina », *Ius Humani: Revista de Derecho*, n° 5, 2016, págs. 173-188.
Gaviria Díaz C., « Le nouveau constitutionnalisme latino-américain », dans Miguel Herrera C. (dir.) (2015), *Le constitutionnalisme latino-américain aujourd'hui : entre renouveau juridique et essor démocratique ?,* Éditions Kimé, « Nomos & Normes », 2015, pp. 19-28.
Miguel Herrera C., « La question du constitutionnalisme latino-américain aujourd'hui », dans Miguel Herrera C. (dir.) (2015), *Le constitutionnalisme latino-américain aujourd'hui : entre renouveau juridique et essor démocratique ?,* Éditions Kimé, « Nomos & Normes », 2015, pp. 9-18.
Gargarella R. et Curtis C. (2009), « El nuevo constitucionalismo latinoamericano: promesas e interrogantes », Santiago de Chile, CEPAL – Serie Políticas sociales n° 153.

[16] Comanducci P. (2010), « Constitucionalización y neoconstitucionalismo », dans Carbonell M. et García Jaramillo L. (eds.), *El Canon Neoconstitucional.* Bogotá : Universidad Externado de Colombia, p. 175 (note de bas de page 2).

Au-delà de ce statut de « courant juridique » associé au terme néoconstitutionnalisme, plusieurs auteurs ont ajouté d'autres sens au contenu du néoconstitutionnalisme. Pozzolo par exemple, qui se situe dans l'orbite de Comanducci, propose deux acceptions de ce terme. D'une part, suivant les idées de Kelsen, le néoconstitutionnalisme désigne un type d'ordre juridique dans lequel le droit structure une hiérarchie pyramidale des normes culminant à son sommet par la constitution. Cependant, l'unité de ce système juridique ne se trouve plus seulement dans son caractère nomodynamique, mais aussi (et surtout) dans son caractère nomostatique[17]. Ce qui caractérise cette constitution, c'est précisément l'inclusion de principes qui irradient l'ensemble de l'ordre juridique, en déterminant son contenu sémantique. D'autre part, le terme néoconstitutionnalisme renvoie à une doctrine du droit selon laquelle les principes constitutionnels doivent être interprétés par référence à leur contenu moral ou aux doctrines morales qu'ils transmettent. Selon cette position, la théorie positiviste n'est pas convaincante, précisément parce qu'elle passe outre le contenu moral des normes juridiques[18].

Cependant, d'autres auteurs critiquent vivement le néoconstitutionnalisme, allant jusqu'à douter de son existence. Pour Riccardo[19], le mot « néoconstitutionnalisme » ne désignerait pas « une thèse proprement théorique et susceptible d'être discutée », mais « un conglomérat… de

---

[17] L. Ferrajoli (2009), « Costituzionalismo principialista e costituzionalismo garantista », *Giurisprudenza costituzionale,* 3/2010, pp. 2771-2816 et aussi Ferrajoli L. (2009), *Garantismo*, Trotta, Madrid.

[18] C.S. Nino (1985), *La validez del derecho*, Astrea, Barcelona. Voir aussi Nino C.S. (1996), *The Constitution of Deliberative Democracy*, Yale UP, New Haven.

[19] Riccardo Guastini, 2013 : *Sur le néoconstitutionnalisme*. Traduction française de J. Mercier, dans *Le droit entre autonomie et ouverture. Mélange en l'honneur de Jean-Louis Bergel*, sous la coord. de Jean-Yves Chérot *et al.* Bruxelles : Bruylant (collection Penser le droit), p. 255.

positions axiologiques et de thèses normatives ». Pour soutenir ses positions critiques, cet auteur met en exergue les dichotomies de trois thèses théoriques néoconstitutionnalistes : la connexion droit-moral (constitution – indépendance du législateur), la différence entre principes et règles, l'application des principes par pondération et des règles par subsomption.

1.2 Le Nouveau Constitutionnalisme latino-américain (NCL) : un modèle de démocratie participative

Plusieurs travaux rendent compte de l'évolution, des approches et des controverses doctrinales autour du Nouveau Constitutionnalisme latino-américain (NCL). Ces travaux s'accordent largement à admettre que le Nouveau Constitutionnalisme latino-américain est un courant doctrinal en évolution, qui appréhende et étaye les processus constitutifs de certains pays d'Amérique latine au cours des deux dernières décennies du XXe siècle et de la première décennie du XXIe siècle[20].

Étant donné ses caractéristiques propres, le Nouveau Constitutionnalisme latino-américain est considéré comme

---

[20] À propos des fondements théoriques du Nouveau Constitutionnalisme latino-américain, voir Vinciano Pastor et Martínez Dalmau : « El nuevo constitucionalismo latinoamericano: fundamentos para una construcción doctrinal », *Revista General de Derecho Público Comparado*, 9 (2011) pp. 1-24. Dans la même perspective, les travaux de Salazar Ugarte et Uprimny rendent compte des caractéristiques du Nouveau Constitutionnalisme latino-américain (NCL) et de ses différences par rapport au modèle de démocratie constitutionnelle (MDC).

P. Salazar Ugarte (2013), « El nuevo constitucionalismo latinoamericano (una perspectiva crítica) », dans González Pérez L. & D. Valadés (coord.), *Constitucionalismo contemporáneo: Homenaje a Jorge Carpizo*, Mexico City: Universidad Nacional Autónoma de México.

R. Uprimny (2011), « Las transformaciones constitucionales recientes en América Latina: tendencias y desafíos », dans Rodríguez Garavito C. (coord.), *El derecho en América Latina: un mapa para el pensamiento jurídico en el siglo XXI*, Buenos Aires, Siglo XXI, 2011.

une théorie (démocratique) de la constitution. Ses principaux postulats théoriques reposent sur l'analyse de la légitimité démocratique de la constitution. En plus de son élan « transformateur »[21] et « aspirationnel »[22], le Nouveau Constitutionnalisme latino-américain offre d'importants aspects novateurs d'approfondissement de la démocratie par la constitution en rupture claire avec le constitutionnalisme européen.

L'un de ces aspects, et le plus important, est la réinterprétation et la revalorisation de la notion de *pouvoir constituant*, dans les lignes développées par Antonio Negri[23] et Bercovici[24]. Le Nouveau Constitutionnalisme latino-américain repense les concepts, les catégories et les éléments relatifs à la relation entre « la souveraineté, essence du pouvoir constituant, et la constitution, entendue au sens large comme source du pouvoir (constitué et donc limité) qui se superpose au reste du droit et aux relations politiques et sociales »[25]. Ainsi, « l'idée d'un *pouvoir constituant* servirait d'axe à une conception avancée et participative de la démocratie. Ce n'est pas un hasard si le

---

[21] B. de Sousa Santos (2010), *Refundación del Estado en América Latina Perspectivas desde una epistemología del Sur*, Lima: Instituto Internacional de Derecho y Sociedad, p. 71.

[22] M. García Villegas, « Constitucionalismo aspiracional: derecho, democracia y cambio social en américa latina », *Analisis. político*, Volumen 25, Número 75 2012, pp. 89-110.
L'auteur distingue le constitutionnalisme « aspirationnel » du constitutionnalisme « conservateur ». Le premier « prospère surtout dans des situations où il existe une grande non-conformité avec le présent et une forte croyance dans les possibilités d'un avenir meilleur », tandis que le second « s'épanouit souvent dans des contextes sociaux et politiques où les conditions de base du progrès social et de la stabilité institutionnelle ont été garanties ».

[23] A. Negri (1996), *Le pouvoir constituant*, PUF : Paris.

[24] G. Bercovici (2010), *Soberania e Constituição: para uma crítica do Constitucionalismo*, Quartier latin : São Paulo.

[25] R. Vinciano Pastor, y R. Martínez Dalmau (2011), « El nuevo constitucionalismo latinoamericano: fundamentos para una construcción doctrinal », *op. cit.*, p. 7.

problème central du nouveau constitutionnalisme était celui de la légitimité démocratique, avec une notion de constitution entendue comme “mandat direct du pouvoir constituant”. »[26] Et puisque, dans le cadre de cette nouvelle philosophie constitutionnelle, la participation populaire se prolonge au-delà de l'acte constitutif ou de l'élection des représentants politiques, la théorie et la pratique du Nouveau Constitutionnalisme latino-américain fournissent des ingrédients intéressants pour l'étude de la démocratie participative du point de vue de son hybridation comme système politique, à la confluence entre la démocratie directe et la démocratie représentative.

En effet, le Nouveau Constitutionnalisme latino-américain se distingue par son attachement à la transformation radicale de la société par le biais de la constitution et de la démocratie participative. L'expérience historique de ce courant doctrinal est manifeste dans trois États latino-américains qui partagent un ensemble de traits et de similarités institutionnels très marqués : la Bolivie, l'Équateur et le Venezuela. Ces trois États se reconnaissent dans une même orientation politique de transformation sociale et de démocratisation radicale, se rapprochant vers un même modèle constitutionnel. Assurément, la promesse politique d'approfondissement et d'amélioration de la démocratie représentative explique la centralité du rôle de la participation populaire dans le Nouveau Constitutionnalisme latino-américain. Cette vocation de démocratie participative contribue à la construction d'une nouvelle approche qui dépasse les limites des deux théories de la démocratie : la démocratie directe et la démocratie représentative.

---

[26] C. Miguel Herrera (2015), « La question du constitutionnalisme latino-américain aujourd'hui », dans Miguel Herrera C. (dir.) (2015), *Le constitutionnalisme latino-américain aujourd'hui : entre renouveau juridique et essor démocratique ?*, Éditions Kimé, « Nomos & Normes », 2015, pp. 9-18.

En effet, les deux théories de la démocratie ne décrivent pas correctement le rôle et la *signification contemporaine* des instruments et des formes de démocratie directe. D'une part, la théorie de la démocratie représentative ne rend pas compte des réponses des institutions représentatives à la demande croissante des citoyens de participer directement à certaines étapes du processus législatif (initiative, débat, ratification). Et d'autre part, la théorie de la démocratie directe ne scrute pas l'utilisation stratégique des moyens de participation populaire des représentants élus. Ces derniers mettent en action les instruments de la démocratie participative en fonction d'un large éventail d'objectifs politiques qui sont, très souvent, en dehors de l'orbite des intérêts citoyens. Bien plus, les postulats de théorie de la démocratie directe ne tiennent pas compte du fait que les citoyens décident fréquemment en fonction des positions prises par les partis ou les groupes sociaux auxquels ils appartiennent ou sympathisent[27].

La littérature académique sur le Nouveau Constitutionnalisme latino-américain excelle dans l'analyse des différentes modalités d'imbrication de ces deux versions du système politique démocratique, à partir de l'expérience historique d'application des instruments de la démocratie participative dans les contextes bolivien, équatorien et vénézuélien. Il en ressort un inventaire diversifié des perspectives de recherche oscillant du descriptif au prospectif. On retrouve entre les deux extrêmes, des explications comparatives, explicatives ou analytiques.

Au registre juridico-constitutionnel, on peut déceler, d'une part, un répertoire de recherches développant une exégèse comparative et évolutive de l'encadrement constitutionnel et du développement du cadre législatif de

---

[27] A. Lissidini (2010), *Democracia directa en Latinoamérica entre la delegación y la participación*, Buenos Aires : Consejo Latinoamericano de Ciencias Sociales, CLASCO, p. 12.

l'exercice des initiatives de la démocratie participative dans le contexte des États du courant du Nouveau Constitutionnalisme latino-américain[28]. On remarquera que cette littérature met en exergue la mise en œuvre des articles 70 de la Constitution vénézuélienne, qui énumère les différentes voies constitutionnelles de la participation citoyenne dans l'exercice du pouvoir de contrôle politique[29]. Une autre ligne de recherche s'appesantit sur l'article 11 de la Constitution politique de l'État bolivien du 7 février 2009, qui prévoit dans son point II.1 les modalités d'exercice de la démocratie participative[30]. Et, enfin, l'article 61 de la Constitution équatorienne de 2008 qui constitutionnalise l'initiative populaire, la consultation populaire et la révocation populaire des mandats politiques. Cet article est complété par les articles 95[31], 100

[28] Voir l'œuvre collective sous la direction de Lissidini A., Welp Y. et Zovatto D. (coord.) (2008), *Democracia directa en Latinoamérica*, Buenos Aires : Prometeo Libros. Il s'agit d'une publication très intéressante pour l'étude comparative des instruments de la démocratie directe dans le contexte latino-américain. Aux fins de notre recherche, nous soulignons les essais suivants qui développent les différents contextes nationaux :

- M. Kornblith, « Democracia directa y revocatoria de mandato en Venezuela », pp. 117-131.
- S. Pachano, « Democracia directa en Ecuador », pp. 145-159.
- S. Romero Ballivián, « La democracia directa en Bolivia », pp. 159-171.
- F. Mayorga, « Democracia participativa en Bolivia: representación, legitimidad y proceso político decisional », pp. 221-241.
- D. Zovatto, « Las instituciones de la democracia directa a nivel nacional en américa latina balance comparado: 1978-2007 », pp. 253-295.

[29] « *La elección de cargos públicos, el referendo, la consulta popular, la revocatoria del mandato, la iniciativa legislativa, constitucional y constituyente, el cabildo abierto y la asamblea de ciudadanos y ciudadanas cuyas decisiones serán de carácter vinculante.* »

[30] « *Por medio del referendo, la iniciativa legislativa ciudadana, la revocatoria de mandato, la asamblea, el cabildo y la consulta previa.* »

[31] « *Las ciudadanas y ciudadanos, en forma individual y colectiva, participarán de manera protagónica en la toma de decisiones, planificación y gestión de los asuntos públicos, y en el control popular de las instituciones del Estado y la sociedad, y de sus representantes, en un proceso permanente de construcción del poder ciudadano.* »

(participation aux différents niveaux de gouvernement) et 101 (« la chaise vide »).

Ces exégèses constitutionnelles ont été reprises par les politologues pour décentrer et systématiser le type de théorie démocratique qui sous-tend la philosophie politique du Nouveau Constitutionnalisme latino-américain.

Sur ce point, la doctrine semble s'aligner sur deux registres. Premièrement, le Nouveau Constitutionnalisme latino-américain est en quête permanente d'une démocratie de type participative. Deuxièmement, la démocratie participative, comme conçue dans le contexte latino-américain, ne remet pas en question les postulats de la démocratie représentative, bien plus, elle prétend la compléter et la renforcer dans son essence de représentation. Ces deux éléments sont bien perceptibles dans la définition du concept même de « démocratie participative » qui ressort des constitutions faisant partie du courant du Nouveau Constitutionnalisme latino-américain : le préambule et les articles 60, 18, 55 et 62 de la Constitution vénézuélienne de 1999 sont presque identiques aux dispositions de l'article 60 de la Constitution bolivienne et aussi aux prescriptions du titre IV, chapitre premier, section 3 de la Constitution équatorienne.

Toutefois, on dénote aussi dans la littérature politologique sur les expériences historiques du Nouveau Constitutionnalisme latino-américain une série de critiques concernant la justification de la démocratie participative à partir de la substance de démocratie radicale[32] et ago-

---

[32] Les postulats de la démocratie radicale et agonique formulent une critique assez sévère des thèses de la démocratie libérale développées par C. Schmitt en rapport avec la question de l'unité politique et de l'homogénéité nationale comme condition nécessaire à l'exercice démocratique.
Voir à ce propos la position de Fraser (1997), *Iustitia interrupta. Refexiones críticas desde la posición "postsocialista"*. Bogotá : Siglo del hombre editores. Pour cette auteure, la démocratie radicale est conçue comme un processus de communication entre les différences. Au travers de ce processus,

nique[33]. Cette littérature académique épingle les arguments qui opposent la démocratie participative en tant que théorie démocratique du NCL aux modèles de démocratie délibérative[34]. Les conclusions de cette ligne de recherche critique marquent la démocratie participative comme une proposition alternative de la théorie démocratique, rangée en intersection entre les modèles libéraux et communautaristes. Les arguments développés par ce courant mettent en exergue certains éléments de consolidation démocratique mis en avant dans le Nouveau Constitutionnalisme latino-américain : le rôle prépondérant de la « sphère publique », l'égalité sociale comme condition matérielle nécessaire au bon fonctionnement de la démocratie, la construction de sujets collectifs. Tous ces éléments ont conduit certains auteurs à considérer la démocratie participative comme un « modèle critique »[35].

---

l'ensemble des citoyens participent en tant que pairs au débat collectif et à la prise de décision. Prise sous ce prisme, la démocratie radicale implique nécessairement l'égalité sociale, la reconnaissance de la différence et l'absence de système de domination et de subordination. En effet, pour Fraser, l'idée de la participation citoyenne est un enjeu politique majeur, car « la justice d'une mesure ou d'une société est évaluée à l'aune de la participation qu'elle rend possible, de l'égalité qu'elle institue dans un "prendre part" à la construction des modèles institutionnalisés de valeurs culturelles, à la délibération quant aux règles de la redistribution, et plus largement, à toutes les activités sociales. Il importe de faire des individus des partenaires à part entière dans l'interaction sociale. »
Voir aussi P. P. Serna (2008), « Democracia radical y ciudadanía ». Eidos : Revista de Filosofía de la Universidad del Norte (en linea), 2008 (Noviembre-Sin mes).
Disponible sur : <http://www.redalyc.org/articulo.oa?id=85416265010>
ISSN : 1692-8857.

33 C. Mouffe (2007), *En torno a lo político.* México : F.C.E., et aussi Laclau E. et Mouffe C. (2004), *Hegemoniía y estrategia socialista. Hacia una radicalización de la democracia.* Buenos Aires : FCE.

34 Voir C. Schmitt (1998), *El concepto de lo político*, Madrid : Alianza.

35 R. Forst (2001), « The rule of reasons. Three models of deliberative democracy », *Ratio Juris*, vol. 14, num. 4, décembre 2001, p 181 et suivantes.

En outre, d'autres pistes de recherche mettent en évidence les dysfonctionnements du modèle de démocratie participative, mettant en doute ses idéaux d'approfondissement démocratique et de responsabilité citoyenne. Une abondante littérature s'insurge contre les pratiques instrumentalistes et le détournement politique de certains mécanismes de la démocratie participative. Elle dénonce avec véhémence les dérives d'un césarisme démocratique et de la démocratie populiste, soulignant les cas paradigmatiques d'Hugo Chavez au Venezuela et d'Evo Morales en Bolivie[36]. De même, le débat académique met en évidence l'utilisation perverse et instrumentale des outils participatifs comme moyen de régler les conflits politiques entre l'exécutif et les autres pouvoirs de l'État. En établissant une relation directe entre le dirigeant et les masses, l'utilisation stratégique de ces instruments vise à renforcer la position du dirigeant et de son exécutif vis-à-vis du parlement et des autres pouvoirs de l'État. Les arguments du débat interpellent la régression démocratique que supposent l'hégémonie du leader et l'hypertrophie présidentielle ainsi que la dérive vers la démocratie plébiscitaire. Robero Gargarella[37], par exemple, s'exprime en termes de « prévarication démocratique » lorsqu'il évoque les mouvements politiques de

[36] Voir par exemple la comparaison entre les deux modèles de populisme réalisé par Savoie J. : « Une comparaison entre deux modèles de populisme : Morales, dans l'ombre de Chavez ? », *La Chronique des Amériques*, novembre 2007, n° 20. L'auteur applique les critères et les caractéristiques politiques du populisme de Kurt Weyland : « Neopopulism and Neoliberalism in Latin America: Unexpected Affinities », *Studies in Comparative International Development*, vol. 31, n° 3 (1996). Il s'agit de la base sociale du leader, la stratégie mise en œuvre pour atteindre et connecter avec les partisans et le niveau d'institutionnalisation des partis politiques.

[37] R. Gargarella (2011), « Pensando sobre la reforma constitucional en América Latina », en Rodríguez Garavito S. (coord.), *El derecho en América Latina Un mapa para el pensamiento jurídico del siglo XXI*, Buenos Aires, Siglo Veintiuno Editores, pp. 87-109, p. 100.

gauche qui allèguent la nécessité d'un pouvoir exécutif exorbitant comme condition structurant l'effectivité d'un programme politique des reformes sociales. Prises sous cet angle, les initiatives d'un présidentialisme excessif viennent à remettre en cause, dans la pratique, les aspirations démocratiques traditionnellement reconnues aux forces politiques de gauche.

Somme toute, le rôle disproportionné joué par le leadership présidentiel dans les trois contextes politiques et constitutionnels du Nouveau Constitutionnalisme latino-américain est devenu une menace pour l'approfondissement de la démocratie. Ceci est particulièrement visible dans le cas vénézuélien, où la délégation excessive des fonctions exécutives tend à renforcer la perception du caractère infaillible et irremplaçable du *lider maximo*. Il est évident que ce leadership outré affaiblit la structure des contrepoids institutionnels, restreignant ou supplantant l'autodétermination des masses populaires[38]. On expérimente alors un processus qui a vocation à renforcer les tendances autoritaires et les velléités dictatoriales, qui finissent par transformer la démocratie participative en une simple illusion[39].

La littérature académique sur l'évolution du Nouveau Constitutionnalisme latino-américain a aussi longuement débattu la question de l'intervention citoyenne dans le fonctionnement de la justice constitutionnelle et ses conséquences pratiques. Elle propose, tout particulièrement, des reformulations théoriques concernant les procédures d'activation et d'organisation institutionnelle de ce pou-

---

[38] G. Pisarello (2009), « El nuevo constitucionalismo latinoamericano y la constitución Venezolana de 1999: balance de una década », disponible sur : http://www.rebelion.org/docs/96201.pdf (consulté le 4 mai 2019).

[39] J. Couso (2013), « Las democracias radicales y el nuevo constitucionalismo latinoamericano », dans SELA (2013). *Derechos humanos: posibilidades teóricas y desafíos prácticos*. Buenos Aires : Ediciones Universidad de Palermo, pp. 195-208.

voir « correcteur » de l'État. En effet, certains instruments de la démocratie participative établissent non seulement la possibilité de proposer et de contester des candidats à la Cour constitutionnelle, mais aussi l'élection directe de ses membres par le corps citoyen. C'est notamment le cas des prévisions des articles 198 et 199 II de la Constitution bolivienne et de l'article 264 de la Constitution vénézuélienne. Ainsi, on observe que les démocraties du Nouveau Constitutionnalisme latino-américain accordent un large accès à la citoyenneté aux tribunaux, plus spécialement, la saisine citoyenne du juge constitutionnel par voie de recours en inconstitutionnalité[40].

Cette problématique de la participation citoyenne dans la justice constitutionnelle a été approfondie pour interroger et systématiser les implications théoriques du contrôle citoyen dans l'organisation et la distribution verticale et horizontale des pouvoirs d'État. Dans cet ordre d'idées, la discussion doctrinale porte sur le développement de « l'État expérimental »[41] qui suggère le dépassement de l'orthodoxie de la théorie classique de séparation des pouvoirs. Ce dépassement de la tripartition libérale classique devrait s'échafauder au travers d'une ingénierie constitutionnelle complexe qui engendre, naturellement, des incertitudes institutionnelles. C'est pour cette raison que la doctrine interroge l'effectivité, la projection pratique et

---

[40] Concernant le caractère populaire de la justice constitutionnelle, voir A. Noguera Fernández (2008), « Participación, función electoral y función de control y transparencia social », dans Avila Santamaría R., Grijalva Jimenéz A., Martínez Dalmau R., *Desafíos constitucionales: la Constitución ecuatoriana del 2008 en perspectiva*, pp. 133-157.

[41] La théorie politique de Boaventura de Sousa Santos pointe cette expression pour se référer à une caractéristique du constitutionnalisme plurinational et interculturel. En effet, le constitutionnalisme plurinational ne résout pas ni n'épuise pas toutes les questions pertinentes du plurinationalisme. Certaines questions devront être laissées ouvertes, probablement pour une autre constituante. Voir B. de Sousa Santo (2010), *Refundación del Estado en América Latina: perspectivas desde una epistemología del Sur*, *op. cit.*

l'utilité des agencements institutionnels issus du Nouveau Constitutionnalisme latino-américain.

1.3 Le néoconstitutionnalisme africain. Le renouveau constitutionnel des États d'Afrique noire

Dans le contexte africain, le néoconstitutionnalisme exprime l'ensemble des dynamiques de revitalisation de la démocratie pluraliste et libérale impulsée par les « forces vives de la nation » par le biais des transitions démocratiques opérées durant les années 1990, sanctionnant ainsi la rupture, après trois décennies, avec le constitutionnalisme autoritaire et rédhibitoire caractérisé par « les partis uniques », l'absence d'alternance, les oppositions clandestines, les restrictions des libertés individuelles et collectives[42]. Dans ce sens, les différentes étapes et expériences du phénomène constitutionnel en Afrique, tant du point de vue du discours sur le propre phénomène que des pratiques politiques liées à la constitution, ont produit progressivement un processus de réappropriation de « l'idée de la constitution » qui se traduit par la conception des nouvelles composantes et articulations institutionnelles qui tiennent compte des « dynamiques spécifiques » du pouvoir politique en Afrique noire, sans s'éloigner des standards de la pensée constitutionnelle universelle.

De ce point de vue, le renouveau constitutionnel des États d'Afrique noire francophone révèle des avancées notables, positives et originales qui se sont dégagées à l'épreuve du temps et qui, à la longue, peuvent être consi-

---

[42] À ce propos, voir : G. Conac (1993), « Le processus de démocratisation en Afrique » dans G. Conac (dir.), *L'Afrique en transition vers le pluralisme politique*, Paris : Economica, pp. 11-43.
Et aussi, I. Fall (1993), « Esquisse d'une théorie de la transition : du monopartisme au multipartisme en Afrique », dans G. Conac (dir.), *L'Afrique en transition vers le pluralisme politique*, Paris : Economica, pp. 43-54.

dérées comme des éléments du « patrimoine constitutionnel africain »[43]. À ce jour, il est indéniable que l'Afrique s'est résolument engagée dans la voie de la démocratie, malgré quelques insuccès non moins déplorables[44]. L'obligation de respecter la constitution est de rigueur, car toute action anticonstitutionnelle est systématiquement dénoncée par les institutions, les acteurs politiques, la société civile mobilisée et l'intervention des juridictions constitutionnelles, requise pour corriger les « anomalies » de la vie politique.

Mais cet engagement irréversible, quasi euphorique, pour la normativité de la constitution s'est fait accompagner aussi d'une litanie de dérapages et de déviations inquiétants quelques années après l'entrée en vigueur des « constitutions de rupture ». On dénotait çà et là un « essoufflement constitutionnel ». « Victime de son succès, la constitution s'érode. L'attachement revendiqué sert de camouflage à des manipulations répétées qui ne font qu'aggraver la faiblesse originelle dont souffrent ces constitutions, celle d'un profond décalage entre la réalité des sociétés africaines et le texte qui entend les organiser. »[45] Cette régression évidente remettait sur la sellette l'épineuse controverse de l'ancrage social, politique et juridique du constitutionnalisme en Afrique noire.

Ainsi, face à ce constat dichotomique des cycles d'alternances entre un « constitutionnalisme triomphant » et un « constitutionnalisme chaotique », entre la quête de

---

[43] T. Ondo (2014), « Réflexions sur les tendances (positives) du néoconstitutionnalisme africain : morceaux choisis », *Revue du Conseil constitutionnel*, n° 4, 2014, pp. 365-396.
[44] B. Guèye (2009), « La démocratie en Afrique : succès et résistances », *Pouvoirs*, n° 129, avril 2009, pp. 5-26.
[45] F. Hourquebie (2018), « Le sens d'une constitution vu de l'Afrique », *Les cahiers du Conseil constitutionnel*, n° 1, septembre 2018. https://www.conseil-constitutionnel.fr/publications/titre-vii/le-sens-d-une-constitution-vu-de-l-afrique

la normativité constitutionnelle et la conception instrumentale, sinon utilitariste, qui marque la vie constitutionnelle et politique en Afrique, il convient de s'interroger sur le devenir de ce mouvement qui avait suscité tant d'espoir de renouveau démocratique et de consolidation de l'État de droit en Afrique.

CHAPITRE 2

LES FONDEMENTS DU NÉOCONSTITUTIONNALISME AFRICAIN

Suivant le schéma établi par Maurice Kamto[46], ce qui fait le premier établissement des constitutions, ce qui les forme et en sert de support, devrait être recherché soit dans des bases métajuridiques (morale, religion, idéologies), soit dans les fondements spécifiquement juridiques qui font recours à des situations historiques objectives qui ont imposé la création des règles du jeu politique et de l'exercice du pouvoir, ou bien des principes et des doctrines empruntés à d'autres systèmes constitutionnels[47]. C'est sous ce registre que Maurice Kamto s'évertua à interroger le support réel du constitutionnalisme autoritaire (les constitutions de la deuxième génération) des États francophones d'Afrique noire. En écartant l'hypothèse des fondements rationnels d'un constitutionnalisme républicain fait des principes juridiques en vigueur dans l'ancienne métropole, Kamto a pu démontrer avec brio que ce constitutionnalisme autoritaire et déviant n'avait pas ses fondements dans le sacré profond et religieux des

46 M. Kamto (1987), *Pouvoir et droit en Afrique noire. Essai sur les fondements du constitutionnalisme dans les États d'Afrique noire francophone*, *op. cit.*

47 *Idem.*

systèmes politico-juridiques des sociétés négro-africaines traditionnelles. De même, les modes d'exercice et la pratique politique n'étaient aucunement une résurgence des conceptions traditionnelles du pouvoir et du droit. Il conclut que le recours à la sacralisation n'était, en profondeur, qu'une technique de légitimation de certaines pratiques du pouvoir.

Pour appréhender les fondements du renouveau constitutionnel ou le néoconstitutionnalisme africain, il convient de cerner d'abord le processus global dans lequel s'opère « la troisième vague de démocratisation »[48] d'une Afrique en crise (2.1). Ensuite, remarquer, comme substrat du renouveau constitutionnel africain, les mouvements et les dispositifs d'alignement de l'Afrique à la pensée constitutionnelle universelle, qui deviennent des paliers incontournables pour l'analyse comparative des systèmes politiques africains (2.2). Il sied d'observer que ces similarités n'excluent pas la recherche des formules plus originales d'organisation des pouvoirs publics et de gestion des États. Les pays francophones d'Afrique noire ont effectué des opérations de synthèse qui prennent en compte les contraintes structurelles auxquelles ils sont confrontés, les héritages institutionnels précédents et les aspirations démocratiques légitimes (2.3). Enfin, l'alignement des constitutions africaines à la pensée constitutionnelle universelle est aussi perceptible, sur le plan national, par le rejet catégorique et le bannissement des modes violents et anticonstitutionnels de dévolution et d'exercice du pouvoir politique. Aux fins de préserver les acquis démocratiques, cette nouvelle philosophie se traduit, sur le plan continental africain, par un processus d'incrimination internationale des acteurs anticonstitutionnels (2.4).

---

[48] S. Huntington (1991), *The Third Wave. Democratization in the Late Twentieth Century*, *op. cit.*

2.1 La revendication politique, la crise de l'État et la conditionnalité internationale

La théorisation du processus de transition vers le pluralisme politique en Afrique, qui esquisse, à la lumière des expériences et des cas de figure de libéralisation connus, la translation évolutionnaire du parti unique au multipartisme[49], a donné cours à une controverse quant à la priorisation des facteurs ayant cristallisé l'avènement démocratique. Certaines approximations pointent une corrélation prépondérante entre conditionnalités politiques et transition démocratique, fournissant une explication exogène aux motivations de changement et orientations stratégiques des acteurs politiques africains. Ces approximations en appellent au contexte de la *doxa* internationale. Pour Edem Kodjo, que l'environnement international ait joué dans l'émergence d'une Afrique rétive à l'asservissement et au monolithisme va de soi. Cependant, il faut circonscrire cette évidence dans une analyse plus globale qui sélectionne les facteurs de l'environnement international[50] qui ont pesé sur l'évolution africaine et analyser, en même temps, les relais internes de cet environnement[51]. L'argument de la conditionnalité internationale met en avant la réponse des pays occidentaux aux nouvelles contingences géopolitiques et stratégiques liées à la fin de la guerre froide. En effet, les

---

[49] I. Fall (1990), « Esquisse d'une théorie de la transition. Du monopartisme au multipartisme en Afrique », dans G. Conac (dir.), *L'Afrique en transition vers le pluralisme politique*, Paris : Economica, pp. 43-55.

[50] Foncièrement au discours de La Baule prononcé par François Mitterrand le 20 juin 1990 lors du quatorzième sommet des chefs d'État et de gouvernements d'Afrique et de France. Voir Stéphane Bolle, « La conditionnalité démocratique dans la politique africaine de la France », *Revue d'étude et de recherche sur le droit et l'administration dans les pays d'Afrique*, Université Montesquieu – Bordeaux IV, n° 2, septembre 2001.

[51] E. Kodjo (1990), « Environnement international et État de droit. Le cas de l'Afrique » dans Conac G. (dir.), *L'Afrique en transition vers le pluralisme politique*, Paris : Economica, pp. 83-89.

nouvelles données géopolitiques de la vie internationale ont affecté aussi profondément les modes d'exercice du pouvoir des États les plus liés à l'Occident. Il n'était plus possible pour les chefs d'État de ces pays de justifier auprès de leurs partenaires privilégiés leur autoritarisme par le risque de subversion, ou de brandir la menace plus ou moins voilée de changement d'alliance. La prise de position française par le discours de La Baule ne restera pas isolée[52]. Tous les grands bailleurs de fonds, les États-Unis, l'Angleterre, l'Allemagne, la Belgique, le Canada et la Communauté européenne se jugèrent en droit d'exiger le pluralisme politique dans les clauses de conditionnalité de leur aide[53]. La politique du bâton et de la carotte.

Certes, il faut reconnaître et prendre en compte les pressions des acteurs extérieurs (États ou organisations internationales), mais ce sont les « relais internes » qui prédominent dans l'explication du processus de démocratisation, puisque les conditionnalités politiques ont commencé à être posées au début des années 1990, alors que les pressions politiques internes étaient déjà en œuvre. On notera certaines expériences du monopartisme aménagé, qui était une stratégie des pouvoirs autoritaires pour tenter de résorber les mouvements de contestation (interne et externe) par l'aménagement d'un espace minimum de liberté d'opinion et d'action au sein du parti, surtout lorsque l'exigent les rapports de force au sein de l'organisation partisane ou la situation politique générale du pays[54]. Ainsi, est-il démontré que même au temps fort de

---

[52] Voir à ce propos les analyses de Stéphane Bolle (2001), « La conditionnalité démocratique dans la politique africaine de la France », *Afrilex, Revue d'étude et de recherche sur le droit et l'administration dans les pays d'Afrique,* Université Montesquieu – Bordeaux IV, n° 2, septembre 2001.

[53] G. Conac (1990), « Le processus de démocratisation en Afrique », dans Conac G. (dir.), *L'Afrique en transition vers le pluralisme politique*, Paris : Economica, pp. 11-41.

[54] I. Fall, *op. cit.*, p. 45.

l'autoritarisme de parti unique, certaines pressions politiques internes avaient conduit à la mise en place de certaines procédures de « décompression autoritaire » empruntées à la thématique de la démocratie libérale – en recourant notamment à l'exercice concurrentiel du suffrage universel – pour assurer la régulation de la classe politique à l'avantage du chef de l'État, en lui garantissant une autonomisation optimale par rapport à celle-ci et en l'installant dans une position d'arbitre suprême[55].

En réalité, il conviendrait d'appréhender la chute des régimes monolithiques africains au début des années 1990 au sens néo-institutionnel de « moment critique », défini par P. Hall et R. Taylor comme une conjoncture provoquant « des bifurcations qui entraînent le développement historique sur un autre trajet ». Contextualisé au cas des États africains, le regain démocratique africain est produit sur fond d'un double échec : échec politique attesté par l'incapacité à trouver des modes stables et acceptés d'organisation des modalités d'accession au pouvoir, et échec économique matérialisé par une dégradation croissante du niveau de vie[56]. L'explication néo-institutionnelle met en prélude à l'émergence du mouvement de revendi-

---

[55] J. F. Bayart (1991), « La problématique de la démocratie en Afrique noire. La Baule, et puis après ? », *Politique africaine*, n° 43, octobre 1991. L'auteur s'en réfère aux exemples de certains pays comme la Tanzanie, Kenya jusqu'en 1982 où ces dispositifs ont été prévus d'emblée ; dans d'autres, ils ont été introduits ultérieurement pour pallier les inconvénients d'une trop grande rigidité des partis uniques et pour accroître la respectabilité internationale de ceux-ci (Sénégal, Zaïre, Côte d'Ivoire, Cameroun, Togo, etc. à partir de la fin des années soixante-dix). Comme le prouve l'exemple sénégalais, l'introduction du multipartisme peut consister en une telle procédure de décompression autoritaire, plus qu'en l'ouverture d'un marché politique véritablement concurrentiel ; de même, les démocraties multipartites temporaires qu'ont connues le Nigéria et le Ghana s'apparentent pour l'essentiel à de telles expériences.

[56] M. Gazibo (2005), *Les paradoxes de la démocratisation en Afrique. Analyse institutionnelle et stratégique*, Montréal : Presses universitaires de Montréal, p. 23.

cation démocratique des « forces de changement », la crise de l'État.

2.2 L'alignement de l'Afrique à la pensée constitutionnelle universelle

Dans une seconde grille des fondements du néoconstitutionnalisme, l'alignement de l'Afrique à la pensée constitutionnelle universelle est une constante à ne pas négliger. En effet, puisque le constitutionnalisme traduit le phénomène constitutionnel en mouvement[57], il est à la fois une dynamique et une profession de foi d'une idéologie libérale fondées sur « la croyance au droit comme promoteur de l'ordre légitime universel et de la constitution comme limite à l'arbitraire du pouvoir »[58]. Il participe de ce fait au projet de construction de l'État de droit et de la démocratie par la constitution, véhiculant la promotion des principes et des valeurs d'une société libre, juste et plurale.

Dans toutes ses déclinaisons possibles, le constitutionnalisme est conceptualisé à partir d'un double processus historique convergent : d'une part, une lente transformation l'État-puissance, arbitraire et d'essence divine, en État assujetti au droit, et d'autre part, d'un raffermissement progressif du principe de la séparation des pouvoirs et l'institutionnalisation des droits de la personne, conditions qui allaient contribuer à la démocratisation encore plus grande du pouvoir. Les deux processus convergents, initiés au Siècle des Lumières, trouvent leurs fondements philosophiques dans trois idées maîtresses qui marquent

---

[57] M. Kamto (1987), op. cit.

[58] A. Kpodar (2013), « Bilan sur un demi-siècle de constitutionnalisme en Afrique noire francophone », *Revue d'étude et de recherche sur le droit et l'administration dans les pays d'Afrique*, Université Montesquieu – Bordeaux IV, janvier 2013.

encore profondément la pensée politique occidentale et ont influencé de façon durable la pensée politique et constitutionnelle occidentale : l'individualisme, le rationalisme, la nature et le droit naturel. Ces idées opéreront une révolution dans la façon de concevoir le pouvoir et son exercice. Deux ordres de conséquences intellectuelles en résultèrent : désormais, le pouvoir étatique tire son origine de la volonté générale et l'État, détenteur du monopole de la contrainte, est vu comme une entité assujettie au droit et qui agit au moyen du droit.

Depuis la chute du mur de Berlin, tous les pays désireux de rompre avec l'autoritarisme et de « se constituer » en États de droit démocratiques adhèrent aux mêmes grands principes, à un constitutionnalisme qui « s'identifie avec la limitation du pouvoir par la constitution et, en définitive, avec la soumission de l'État au droit ». Les peuples africains – sinon leurs élites – ont pris délibérément part à cet « appel de l'histoire » à « ce rapprochement des normes qui caractérise le droit constitutionnel contemporain dans le monde »[59]. Ainsi, le constitutionnalisme s'est converti en un phénomène planétaire irréversible de la démocratie pluraliste.

En outre, l'intelligibilité du néoconstitutionnalisme africain réclame aussi de le ranger dans le prolongement de ce courant de la mondialisation de la pensée constitutionnelle à l'échelle planétaire, qui a engendré l'émergence d'un « patrimoine constitutionnel commun des sociétés politiques » au sens décrit par Luc Sindjoun[60]. À l'aune de la « troisième vague de démocratisation », les principes constitutionnels découlent de l'interaction internationale et s'érigent comme des standards par lesquels la société

[59] S. Bolle (2005), *op. cit.*

[60] L. Sindjoun (1998), *La formation du patrimoine constitutionnel commun des sociétés politiques. Éléments pour une théorie de la civilisation politique internationale*, Dakar : CODESRIA, 1998, 72 p.

mondiale approuve ou désapprouve (avec les conséquences qui s'ensuivent) les comportements politiques. À ce propos, Sindjoun identifie trois paramètres de la démocratie libérale à l'occidentale comme formant les éléments de ce patrimoine constitutionnel commun de l'humanité : en premier lieu, l'universalité des droits de l'homme, qui sont l'éthique de la communauté internationale, la démocratie libérale, basée sur l'autodétermination des individus. Et enfin, viennent les principes d'agencement institutionnel du pouvoir politique : la séparation des pouvoirs, l'État de droit – la « traduction juridique de la démocratie » – et la justice constitutionnelle, considérée comme « le symbole par excellence de la démocratie » et, à un moindre degré, le fédéralisme et la décentralisation.

Dans le contexte africain actuel, après le réflexe mimétique des constitutions de la première génération et les fâcheux épisodes de l'irruption et la constitutionnalisation des régimes militaires[61], l'ordonnancement constitutionnel issu du regain démocratique des transitions politiques dynamisées par les conférences nationales (1990-1995) s'est aligné sur les standards de ce patrimoine constitutionnel commun, s'employant à jeter les jalons d'un État de droit.

2.3 La synthèse africaine : contraintes structurelles et héritages institutionnels

Enfin, il convient d'observer que ces similarités n'excluent pas la recherche de formules plus originales d'organisation des pouvoirs publics et de gestion des États. Des innovations inspirées par les spécificités « nationales » résultant d'une évaluation critique des héritages institutionnels ont pris cours et se développent, malgré les

---

[61] A. Bourgi (2002), « L'évolution du constitutionnalisme en Afrique : du formalisme à l'effectivité », *Revue française de droit constitutionnel*, vol. 52, n° 4, 2002, pp. 721-748.

adversités et les contraintes structurelles de tous genres[62]. Il y a à la fois emprunt au droit constitutionnel classique et tentative de renouvellement de ce droit en fonction de la modernité[63]. Cette vocation de synthèse constitutionnelle africaine contredit certaines théories caricaturales du mimétisme constitutionnel qui évoquent que les nouvelles constitutions africaines sont une simple reprise de la Constitution de la Ve République française, en inférant que les États de succession française ou belge se contentent de faire du « copier-coller » avec le texte de la métropole[64]. Albert Bougi, par exemple, estime que :

« L'autorité conférée à la constitution, comme fondement du pouvoir, donne désormais tout leur sens aux principes et à un ordonnancement empruntés à la Constitution de la Ve République. Il en est ainsi également des règles de séparation des pouvoirs, de l'affirmation plus marquée du pouvoir judiciaire, ou encore de la consécration du poste de Premier ministre et de la délimitation des domaines respectifs de la loi ou du règlement. Quelle que soit leur variété, ces constitutions demeurent, notamment dans les techniques mises en œuvre, très marquées par la Constitution de 1958. Elles reproduisent souvent ses équilibres et s'attachent à reprendre les règles éprouvées du parlementarisme rationalisé. »[65]

Stéphane Bolle, pour sa part, s'insurge contre cette formulation. Cet auteur est d'avis que la « loi fondamen-

---

[62] J. M. Breton (2002), « Trente ans de constitutionnalisme d'importation dans les pays d'Afrique noire francophone, entre mimétisme et réception critique : cohérences et incohérences (1960-1990) », communication présentée à Heidelberg, en octobre 2002, devant la *Gesellschat für Afrikanisches Recht*, de l'Université de Bayreuth, RFA.

[63] G. Cornac (2000), « Quelques réflexions sur le nouveau constitutionnalisme africain », *Symposium international de Bamako*, 2000.

[64] S. Bolle, *op. cit.*, p. 2.

[65] A. Bourgi (2002), « L'évolution du constitutionnalisme en Afrique : du formalisme à l'effectivité », *Revue française de droit constitutionnel* 2002/4 (n° 52), pp. 721-748.

tale » africaine s'insère régionalement dans un « espace d'isomorphisme constitutionnel » en perpétuel mouvement et résulte d'un processus national de « sédimentation constitutionnelle ». Chaque constitution est moins importée d'Occident que manufacturée sur place par des Africains, pour des Africains. Certes, la technologie constitutionnelle utilisée depuis les indépendances provient d'un « legs politique et institutionnel mûri ailleurs, produit de l'histoire sociale et économique et du génie d'autres peuples ».

2.4 Rejet et bannissement des modes violents et anticonstitutionnels de dévolution du pouvoir politique

Les actions juridiques et politiques de rejet et de bannissement des moyens violents et anticonstitutionnels de prise et de maintien de pouvoir se déploient sur deux paliers : un national et l'autre régional[66] et continental, surtout au sein de l'Union africaine.

Au plan continental, convaincue que les changements anticonstitutionnels de gouvernement en Afrique « constituent l'une des causes essentielles d'insécurité, d'instabilité, de crise et même de violents affrontements en Afrique », l'Union africaine a relayé, à travers l'adoption en 2007 de la Charte africaine de la démocratie, des élections et de la gouvernance[67], une problématique

[66] Cf. le protocole sur la démocratie et la bonne gouvernance adopté par la Communauté économique des États de l'Afrique de l'Ouest (CEDEAO), signé à Dakar (Sénégal), le 21 décembre 2001.

[67] Voir la charte africaine de la démocratie, des élections et de la gouvernance adoptée par la huitième session ordinaire de la conférence tenue le 30 janvier 2007 à Addis-Abeba. Cet instrument juridique se situe dans le prolongement de la Déclaration sur le cadre pour une réaction de l'OUA face aux changements anticonstitutionnels de gouvernement de 2000, l'Acte constitutif de l'Union africaine et le Protocole relatif à la création du Conseil de paix et de sécurité de l'Union africaine de 2002, radicalisant ainsi la lutte de l'UA contre les changements anticonstitutionnels des gouvernements

nationale de consolidation des démocraties internes. L'intérêt de la charte est incontestable, car : « Outre l'internationalisation des droits politiques amorcée individuellement par les constitutions nationales, le champ politique en Afrique est dorénavant soutenu par une convention internationale propre au continent. Un mouvement que l'on voit se dessiner dès le début des années 1990 se traduisant par un infléchissement de l'autonomie constitutionnelle des États et par une montée du droit international dans les dispositions constitutionnelles des États, en particulier en Afrique. »[68] Cette démarche de l'institution continentale aboutit à l'incrimination internationale[69] des changements inconstitutionnels des gouvernements, en la typifiant d'abord des moyens constitutifs de changement anticonstitutionnel de gouvernement démocratiquement élu. L'article 23 de la charte en répertorie 5 modalités : putsch ou coup d'État, intervention de mercenaires pour renverser le gouvernement, intervention de groupes dissidents armés ou de mouvements rebelles pour renverser un gouvernement démocratiquement élu, tout refus par un gouvernement en place de remettre le pouvoir au parti ou au candidat vainqueur à l'issue d'élections libres, justes et régulières et finalement, tout amendement ou toute révision des constitutions ou des instruments juridiques qui porte atteinte aux principes de l'alternance démocratique. Ensuite, les articles 24 et 25 de la charte prévoient un catalogue de 10 types de sanctions qui peuvent être comprises comme des mesures répressives prises qui s'entendent aux

---

démocratiquement élus et des procédés illégaux de dévolution du pouvoir politique qui prévalaient depuis des décennies sur le continent.

[68] B. Tchikaya (2008), « La charte africaine de la démocratie, des élections et de la gouvernance », *Annuaire français de droit international*, volume 54, 2008, pp. 515-528.

[69] M. Mutoy (2012), « Chronique de droit pénal de l'Union africaine. Vers une justice pénale régionale en Afrique », *Revue internationale de droit pénal*, 2012/3 (vol. 83), pp. 547-557.

mesures diplomatiques, des punitions, des condamnations, des pénalités ou châtiments.

Il convient de signaler que depuis l'adoption de cette charte, l'Union africaine, par l'intermédiaire de son Conseil de paix et de sécurité (CPS), a fait face à la gestion des conflits relatifs aux changements anticonstitutionnels de gouvernement dans 5 cas d'expérience qui méritent des études spécifiques en profondeur[70] : Madagascar[71], Guinée-Bissau[72], Mauritanie[73], Niger[74] et Guinée[75].

Au niveau du droit constitutionnel interne des États, plusieurs dispositions rejettent la violence et bannissent des coups d'État comme mode de dévolution du pouvoir. L'article 64 de la Constitution de la RDC de 2006 en est un cas paradigmatique, car il constitutionnalise, dans la logique de « l'impératif catégorique » d'Emanuel Kant, un devoir citoyen : celui de faire échec à tout individu qui prend le pouvoir par la force ou qui l'exerce en violation de la constitution. Sous l'emprise de cette clause constitutionnelle, les actions menées par le peuple congolais en

---

[70] J. Kazadi Mpiana (2012), « L'Union africaine face à la gestion des conflits. Cas des changements anticonstitutionnels de gouvernement », *Revue québécoise de droit international*, 25,2 (2012), pp. 102-141.

[71] CPS, *Rapport du président de la Commission sur la situation à Madagascar*, doc off CPS, 216e réunion, PSC/PR/2 (CCXVI) (2010).

[72] CPS, communiqué de la 222e réunion du Conseil de paix et de sécurité, doc off UA, 222e réunion, PSC/PR/COMM (CCXXII) (2010).

Rapport du Secrétaire général sur le rétablissement de l'ordre constitutionnel en Guinée-Bissau, doc off CS NU, 2012, S/2012/704.

[73] Deux cas de coups d'État perpétrés dans cet État, en 2005 et en 2008.

– CPS, déclaration, déc. CSP (XXXVI) – (ii), doc off UA, 36e réunion, PSC/PR/COMM (XXXV) – (ii) (2005).

– CPS, communiqué de la 37e réunion du Conseil de paix et de sécurité, doc off UA, 37e réunion, PSC/PR/COMM.1 (XXXVII) (2005).

[74] CPS, Communiqué de la 216e réunion du Conseil de paix et de sécurité, doc off UA, PSC/PR/COMM. 2 (CCXVI) (2010) [communiqué de la 216e réunion du CPS].

[75] CPS, communiqué de la 164e réunion du Conseil de paix et de sécurité, doc off UA, 164e réunion, PSC/PR/COMM (CLXIV) (2008).

« exécution » de l'article 64, alinéa 1er, de la constitution, ne peuvent en aucun cas être poursuivies par la justice pénale, ni par la justice civile. Au contraire, la constitution punit l'individu ou le groupe d'individus à la base des actions menées par le peuple, dès lors que cet individu ou groupe d'individus est présumé avoir commis des actes attentatoires au renversement du régime constitutionnel ou qu'il a renversé ledit régime[76]. Pour être plus concret, l'article 64 stipule dans ses deux alinéas que : « Tout Congolais a le devoir de faire échec à tout individu ou groupe d'individus qui prend le pouvoir par la force ou qui l'exerce en violation des dispositions de la présente constitution. Toute tentative de renversement du régime constitutionnel constitue une infraction imprescriptible contre la nation et l'État. Elle est punie conformément à la loi. »

[76] Bola F., « Interprétation de l'article 70 de la constitution. Faut-il craindre la Cour constitutionnelle ? ». https://www.editions-harmattan.fr/auteurs/article_pop.asp?no=31653&no_artiste=10190.

CHAPITRE 3

LES ÉTAPES DU NÉOCONSTITUTIONNALISME AFRICAIN

Le processus du renouveau constitutionnel en Afrique noire est fait des mouvements de flux et reflux, suggérant, dans ses grandes lignes, la métaphore d'un mouvement de vent qui fait bouger les vagues de mer, « lesquelles parfois montent hautes, fortes, puissantes, même dévastatrices, puis s'arrêtent, reculent et viennent en deçà de la ligne de départ pour instaurer le calme plat et c'est le reflux »[77]. Les régimes de transition installés après la vague des conférences nationales ont été à la fois des moments de désinstitutionalisation des structures des régimes précédents, et de mise en chantier des choix du régime politique et des institutions futures. Mais surtout, la transition vers la démocratie apparaît alors comme un compromis entre les différents acteurs. De ce fait, la clé des transitions démocratiques est la capacité des participants à parvenir à des accords arbitrés qui donnent à chacun au moins une partie de ce qu'il voulait. Assurément, ces transitions ont été largement influencées par les acteurs politiques en présence, leur rapport de force, la divergence ou la conver-

---

[77] Dossou R., « Flux et reflux dans le nouveau constitutionnalisme africain », *Revue du Conseil constitutionnel,* n° 4, 2014, pp. 327-396.

gence de leurs stratégies propres[78]. Cependant, l'expérience historique de démocratisation des régimes autoritaires révèle que la consolidation des acquis démocratiques est une phase distincte de la transition, car, « à la sortie de l'autoritarisme, en fonction d'une configuration particulière donnée par le jeu entre contraintes structurelles, héritages du passé, architectures institutionnelles et stratégies des acteurs, un pays peut se doter d'institutions démocratiques durables ou, au contraire, retomber dans l'autoritarisme »[79].

Dans les pays francophones d'Afrique noire, la production constitutionnelle issue du regain démocratique des années 1990 a été orientée, en termes généraux, par le mode de traitement des principes fondamentaux et des options levées par les résolutions des conférences nationales. Ces résolutions ont été par la suite constitutionnalisées par les « constitutions originelles ». De ce fait, au sortir des transitions, les constitutions africaines ont été élevées au rang le plus noble et le plus sacré de fondement de toute activité politique. Désormais, elles postulent des valeurs et des idéaux du républicanisme libéral. S'inscrivant ainsi dans une logique de construction des sociétés politiques véritablement démocratiques, en rupture avec les systèmes constitutionnels autoritaires et dictatoriaux, elles consacrent le phénomène pluraliste et l'avènement de l'État de droit. Elles affirment de grands principes de liberté et de droits de l'homme. Ce qui était

---

[78] C. Thiriot (2002), « Rôle de la société civile dans la transition et la consolidation démocratiques en Afrique : éléments de réflexion à partir du cas du Mali », *Revue internationale de politique comparée*, 2002/2, vol. 9, pp. 277-295.

[79] M. Gazibo (2005), *Les paradoxes de la démocratisation en Afrique. Analyse institutionnelle et stratégique*, Montréal : Presses universitaires de Montréal, p. 19.

impensable il y a seulement quelques années est devenu monnaie courante aujourd'hui[80].

Le bilan de plus de deux décades de l'avènement du renouveau constitutionnel[81] est marqué par des mouvements qui peuvent se cloisonner en trois grandes étapes : d'abord, une étape révolutionnaire, qui a fondamentalement aménagé les conditions de rupture avec l'autoritarisme, débouchant sur un constitutionnalisme de « précaution » (3.1). Ensuite, une étape de reflux, fait de rejet de certains acquis de l'ordre constitutionnel accouché par les conférences nationales (3.2). Cette étape se caractérise par la reconstitutionnalisation de certains instruments du présidentialisme négro-africain, de triste mémoire. Enfin, une étape de stabilisation, dans laquelle on décèle un mouvement de réappropriation populaire de la constitution (3.3). Face à la domestication de l'opposition politique et des cours constitutionnelles, les tiers-pouvoirs (non constitutionnalisés) émergent et font échec aux prétentions de manipulation et d'instrumentalisation de la constitution par le pouvoir en place. Dans d'autres contextes nationaux, on a enregistré, malheureusement, des expériences de rupture de la légalité constitutionnelle. Tel fut le cas de constitution de la junte militaire du Mali (3.4).

3.1 L'étape révolutionnaire : la rupture consommée et le constitutionnalisme de « précaution »

Dans son intéressant essai « Les pratiques constitutionnelles dans les pays d'Afrique noire francophones : cohérences et incohérences », Karim Dosso remarque que :

---

[80] A. Bourgi (2002), « L'évolution du constitutionnalisme en Afrique : du formalisme à l'effectivité », *Revue française de droit constitutionnel*, 2002/4, n° 52, pp. 721-748.

[81] A. Kpodar (2013), « Bilan sur un demi-siècle de constitutionnalisme en Afrique noire francophone », *Revue Afrilex* [en ligne], janvier 2013.

« Les conférences nationales ont permis d'adopter de nouvelles constitutions exprimant un aspect nouveau du consensus social. Longtemps en effet la doctrine africaniste avait considéré la constitution, non comme un instrument de protection des gouvernés, mais comme une technique de légitimation du pouvoir des gouvernants. Or, l'opération constituante résultant des conférences nationales a débouché sur la mise en place des bases d'un nouvel ordre. On assiste à une démultiplication généreuse des instruments protecteurs. »[82]

Ces observations rendent compte du fait que dans la relation entre le pouvoir et le droit, l'ordre constitutionnel autoritaire ayant précédé l'avènement des conférences nationales souveraines dans l'espace francophone d'Afrique était fondamentalement caractérisé par la prééminence du pouvoir sur le droit par le biais de la sacralisation du pouvoir. À ce jour, le néoconstitutionnalisme africain se caractérise, avant toute chose, par l'originalité du schéma adopté pour la « fabrication » des constitutions originelles, manifestement en rupture avec le passé constitutionnel récent, privilégiant souvent la recherche d'un large consensus. C'est à juste titre que les procédés et méthodes de ce processus constituant, qui n'est plus « un fait du prince », ont légitimement fait croire que « la constitution était véritablement une œuvre collective impliquant tous les segments de la nation et que, partant, les compromis qu'elle formalisait jouissaient d'une certaine intangibilité qui devait en assurer la durabilité et la préservation contre les volontés individuelles »[83]. Dans un premier temps, les techniques d'élaboration, de maturation

---

[82] K. Dosso (2012), « Les pratiques constitutionnelles dans les pays d'Afrique noire francophone : cohérences et incohérences », *Revue française de droit constitutionnel*, 2012/2 (n° 90), pp. 57-85.

[83] T. Ondo (2014), « Réflexions sur les tendances (positives) du néoconstitutionnalisme africain : morceaux choisis », *op. cit.*

et d'échange politiques autour des textes constitutionnels en gestation ont été méticuleusement articulés pour s'assurer d'un minimum de consensus autour de la « rupture opérée » et de la *pax civilis* post transition.

L'*iter* de la fabrique des constitutions originelles se produit en plusieurs séquences de garanties et de contrepoids. Comme règle générale, les Conférences nationales souveraines (CNS) avaient, d'une part, élaboré et adopté les Chartes de transition[84], ainsi qu'un cahier des charges pour le nouveau gouvernement, et avaient également énoncé les linéaments et les grands principes d'organisation et exercice du pouvoir politique devant régir la constitution post-autoritaire. D'autre part, elles ont élu un Premier ministre. Ensuite, les CNS avaient chargé trois organes de produire la constitution : une commission de rédaction, composée essentiellement de juristes, qui a mis en forme le texte ; un Haut Conseil de Transition, ou Conseil supérieur de Transition, faisant office d'organe législatif de la transition. Ces organes avaient délibéré et arrêté le projet définitif ; enfin, le peuple qui, d'abord consulté lors de la popularisation de l'avant-projet, a approuvé la constitution par référendum[85].

Au Tchad, la Conférence nationale souveraine (CNS)[86] s'est déroulée du 15 janvier au 7 avril 1993 et la transition politique tchadienne, l'une des plus longues d'Afrique noire, couvre la période allant du 7 avril 1993 jusqu'au 31 mars 1996, date du référendum sur la constitution tchadienne qui a fait entrer ce pays dans le club des démocraties libérales.

---

[84] Charte de transition de la République du Tchad du 5 avril 1993. http://mjp.univ-perp.fr/constit/td1993.htm

[85] S. Bolle (2005), « Des constitutions made in Afrique ». *Communication au VIe congrès de droit constitutionnel*, Montpellier, 9,10 et 11 juin 2005.

[86] R. Buijtenhuijs (1993), *La Conférence nationale souveraine du Tchad. Un essai d'histoire immédiate*, Paris : Karthala.

La constitution proposée en mars 1996 et promulguée le 14 avril 1996 respecte dans ses grandes lignes les recommandations formulées en 1993 par la CNS. En effet, la CNS avait levé 4 grandes options concernant la configuration du système politique post-transition : un régime politique semi-présidentiel, un modèle d'organisation territoriale basée sur les principes d'un État unitaire décentralisé, et le bilinguisme français-arabe comme langues officielles de la République ainsi que les principes recteurs du code électoral. Elle transpose fidèlement l'option d'un régime semi-présidentiel aligné au modèle des institutions politiques de la Ve République française, sans y apporter des nuances majeures[87]. L'article 59 prévoit un pouvoir exécutif bicéphale exercé par le président de la République et le gouvernement. Conformément à l'art. 61, « Le président de la République est élu pour un mandat de cinq ans au suffrage universel direct. Il est rééligible une seule fois. » Le président nomme le Premier ministre (art. 79 et 94). Celui-ci présente son gouvernement à l'investiture de l'Assemblée nationale pour obtenir de celle-ci un vote de confiance sur son programme politique (art. 96). Le gouvernement est responsable devant l'Assemblée nationale qui peut obliger le Premier ministre à la démission, en adoptant une motion de censure (art. 96, 142 et 143). En outre, la République tchadienne est organisée en collectivités territoriales décentralisées (les communautés rurales, les communes, les départements et les régions, art. 203), dont l'autonomie est garantie par la constitution (art. 2). Ces entités territoriales sont dotées de la personnalité morale (art. 204). Ainsi, la constitution n'avait pas retenu la solution fédérale. Les langues officielles du Tchad sont le français et l'arabe (art. 9).

---

[87] R. Buijtenhuijs (1998), *Transition et élections au Tchad, 1993-1997*, Paris, ASC-Karthala, 1998, p. 135 et suivantes.

Comparativement au cas tchadien, la transition malienne vers la démocratie est l'une des plus courtes des pays francophones d'Afrique noire. Elle s'étendra du 29 mars 1991, date de création du Comité de Transition pour le Salut du Peuple (CTSP), au 12 janvier 1992, date du référendum constitutionnel. Les élections eurent lieu à partir du 19 janvier 1992[88]. Contrairement aux autres États de son environnement, la spécificité de la transition malienne consiste dans le fait qu'elle a été déclenchée à partir du coup d'État militaire perpétré le 26 mars 1991 contre le général Moussa Traoré, par le Conseil de réconciliation nationale dirigé par le lieutenant-colonel Amadou Toumani Touré (ATT), lequel mit fin à la IIe République malienne. Dès sa première déclaration de prise du pouvoir, Amadou Toumani avait pris, au nom du Conseil de réconciliation nationale (CRN), l'engagement solennel d'organiser la transition démocratique et de retourner dans les casernes à l'issue des élections libres, transparentes et régulières.

Le processus malien de transition trouve son fondement juridique dans l'Acte fondamental n° 1 tenant lieu de « constitution provisoire », adoptée par le CRN le 29 mars 1991, qui consacre la suspension de toutes les institutions de la Constitution de la IIe République du 2 juin 1974. Ce texte, ayant valeur constitutionnelle, avait établi les compétences et le mode de fonctionnement et des rapports entre trois organes politiques de transition : le Comité de Transition pour le Salut du peuple (CTSP)[89] (art. 27, 28 et 31 de l'Acte fondamental n° 1), le chef de l'État qui est en

[88] A. Diarra (2010), *Démocratie et droit constitutionnel dans les pays francophones d'Afrique noire. Le cas du Mali depuis 1960,* Paris : Karthala, p. 148.

[89] Conformément à l'art. 28, les principales fonctions dévolues au CTSP étaient les suivantes : assurer la fonction législative, déterminer la politique de la nation, contrôler l'exécutif, assurer l'accès équitable des partis aux *mass medias* officiels, convoquer la Conférence nationale.

même temps le président du CTSP (art. 34, 36 et 38 de l'Acte fondamental n° 1) et le gouvernement de transition dirigé par Soumana Sako (art. 40, 41, 456, 49 et 50 de l'Acte fondamental n° 1). En plus de la promulgation du cadre constitutionnel de la transition, le CTSP avait levé l'option du multipartisme intégral.

Conformément aux art. 28 et 29 de l'Acte fondamental n° 1, le CTSP était chargé de convoquer la Conférence nationale. Celle-ci avait été originairement conçue par les opposants démocratiques comme mode de repenser les équilibres avec le régime de Moussa Traoré[90]. Cependant, après le renversement du dictateur, les termes du problème se trouvaient « radicalement » changés. En effet, il ne s'agissait plus de contester le régime en place, mais bien de poser les jalons d'une nouvelle République avec comme acteurs principaux les anciens leaders de l'opposition démocratique désormais aux commandes du pouvoir d'État[91]. En effet, en plus d'examiner l'État de la Nation, la Conférence nationale avait la mission de confectionner 3 projets d'instruments juridiques devant régir la IIIe République : le projet de constitution qui sera adopté par référendum, le projet de Code électoral et de Charte des partis politiques[92]. En application de l'article 29 du même Acte fondamental n° 1, les décisions de la Conférence nationale sont exécutoires. On notera, en passant, que la spécificité du cas malien est que la - Conférence nationale devait favoriser la résolution d'un conflit identitaire, car le pays était confronté à une rébel-

[90] O. Diarrah (1991), *Vers la IIIe République du Mali*, Paris : L'Harmattan.

[91] CERDES (1998), *Le processus démocratique malien de 1960 à nos jours,* Bamako : Éditions Donniya.

[92] S. D. Wing (2000), « Constitutional dialogue: Participation and citizenship in the transition towards democracy in Mali, 1991–1999 ». https://search-proquest-com.proxy.bibliotheques.uqam.ca/docview/304597607?accountid=14719

lion armée dans le nord, menée par une frange importante de la population touareg[93].

Durant les travaux de la Conférence nationale, la Commission constitutionnelle, composée de deux cents délégués, avait débattu l'avant-projet préparé par le CTSP. Elle avait levé les grandes orientations du projet constitutionnel : un mandat présidentiel de 5 ans, renouvelable une fois, sans limites d'âge pour présenter sa candidature. Le Haut Conseil des collectivités territoriales maintenu au rang d'institution consultative composé d'élus locaux. Et finalement, une juridiction constitutionnelle.

Le projet de constitution adopté par la Conférence nationale souveraine fut entériné par référendum le 12 janvier 1991 et promulgué le 25 février 1991. Comme dans le cas tchadien, la structure d'organisation et d'exercice du pouvoir politique établie par la Constitution de la IIIe République malienne s'aligne, dans l'ensemble, au régime semi-présidentiel de la Ve République française[94].

L'art. 30 stipule que « le président de la République est élu pour cinq ans au suffrage universel direct et au scrutin majoritaire à deux tours. Il n'est rééligible qu'une seule fois. Il nomme le Premier ministre et met fin à ses fonctions sur présentation par celui-ci de la démission du gouvernement. Sur proposition du Premier ministre, il nomme les autres membres du gouvernement et met fin à leurs fonctions » (art. 38). Il préside le Conseil des ministres (art. 39). Il peut, après consultation du Premier ministre et du président de l'Assemblée nationale, prononcer la dis-

[93] O. Sy, A. Dakouo et K. Traore (2016), *Dialogue national au Mali. Leçons de la Conférence nationale de 1991 pour le processus de sortie de crise*, Berlin : Berghof Foundation, p. 14. Aussi disponible en anglais.
Sur internet : www.berghof-foundation.org/ publications/

[94] A. Diarra (2010), *Démocratie et droit constitutionnel dans les pays francophones d'Afrique noire. Le cas du Mali depuis 1960, op. cit.*

solution de l'Assemblée nationale (art. 42). Pour sa part, le gouvernement, qui est responsable devant l'Assemblée nationale, détermine et conduit la politique de la Nation et dispose de l'administration et des forces armées (art. 53). Le Parlement comprend une chambre unique appelée Assemblée nationale (art. 59). La constitution réaffirme l'indépendance du pouvoir judiciaire (art. 81). Une cour constitutionnelle est instituée (art. 85). En plus, la constitution apporte aussi quelques innovations : la mise en place d'un Haut conseil des collectivités chargé d'étudier et de donner un avis motivé sur toute politique de développement local et régional (art. 99).

3.2 Le reflux : l'étape de révisionnisme constitutionnel « de réaction »

Le début des années 2000 marque un certain reflux dans l'évolution du néoconstitutionnalisme africain. On dénotera çà et là une mise en chantier des révisions constitutionnelles qui témoignent d'une régression évidente par rapport aux acquis des conférences nationales. En effet, la problématique soulevée autour de l'actualité des révisions constitutionnelles en Afrique présente un intérêt certain. Elle est véritablement d'actualité, au regard de l'éminente place qu'occupent les révisions constitutionnelles dans l'actualité du droit constitutionnel africain. Les révisions récentes dans les pays africains, notamment francophones, mettent en évidence un constat : plusieurs initiatives de révision ont un but soit de consolidation du pouvoir de ses initiateurs, soit de leur permettre d'imposer leurs idées et leur conception des principes qui doivent guider l'action du pouvoir[95]. Les révisions entreprises dans cette période

[95] I. Diallo, « Pour un examen minutieux de la question des révisions de la constitution dans les États africains francophones », *Revue d'étude et de*

se caractérisent par une altération de l'archétype présidentiel américain, au travers d'une hypertrophie des pouvoirs du président de la République[96]. Sous prétexte de corriger certaines imperfections des « constitutions originelles », quelques États africains avaient mis en œuvre un processus de reconstitutionnalisation de certains instruments du présidentialisme tendant à organiser une certaine emprise totalitaire et une concentration des pouvoirs entre les mains du président de la République, qui est en même temps « l'autorité morale » de la majorité présidentielle au sein des assemblées parlementaires.

Au Tchad, la Loi constitutionnelle n° 05-008 PR du 15 juillet 2005 portant révision de la Constitution du 31 mars 1996[97], adoptée suite au référendum du 6 juin 2005, est la première manifestation de restauration autoritaire et de recomposition politique[98] qui remet en cause un des principaux acquis de la CNS. Les principaux amendements apportés portent clairement atteinte à l'esprit de la « constitution originelle » du 14 avril 1996 et à son architecture institutionnelle. L'art. 61 amendé supprime la limitation à deux du nombre de mandats présidentiels : « Le président de la République est élu pour un mandat de cinq ans au suffrage universel direct. Il est rééligible. » La voie est donc ouverte pour une présidence à vie de M. Idriss Deby. L'art. 106 amendé supprime le Sénat. Le pouvoir législatif est désormais exercé exclusivement par

---

recherche sur le droit et l'administration dans les pays d'Afrique – Afrilex, Université Montesquieu – Bordeaux IV, mars 2015.

[96] G. Conac, « Quelques réflexions sur le nouveau constitutionnalisme africain », *Actes du Symposium international de Bamako, novembre 2000.* Disponible sur : http://democratie.francophonie.org/IMG/pdf/bamako.297.pdf (consulté le 8.12.2018).

[97] Source Digithèque MJP : http://mjp.univ-perp.fr/constit/td1996.htm (consulté le 30.11.2018).

[98] R. Buijtenhuijs (1998), *Transition et élections au Tchad 1997-1997. Restauration autoritaire et recomposition politique*, Paris : ASC – Karthala.

l'Assemblée nationale. Dans la foulée, un Conseil économique, social et culturel est institué par le nouveau titre IX portant 4 nouveaux articles (178-181).

En outre, le rejet total des acquis de la CNS et de la Constitution originelle a été manifeste au Tchad au travers d'une nouvelle constitution instaurant la IVe République tchadienne. En effet, lors de la campagne électorale pour les élections présidentielles de 2016, le candidat Idriss Deby Itno avait fait la promesse de procéder à des réformes importantes pour renforcer l'État de droit et la démocratie. Une fois élu, il mit en place deux instances chargées de porter le projet de la réforme des institutions : une politique, le Haut Comité chargé des réformes institutionnelles (HCRI)[99] et l'autre technique, le Comité technique interministériel chargé des réformes institutionnelles (CTI)[100]. Dans la pratique, ces deux structures monopolisèrent, pour le compte du pouvoir en place, le processus de conception et de maturation des réformes institutionnelles, menées dans une opacité qui a été largement dénoncée par la société civile. Elles regorgeaient en majorité des membres du parti au pouvoir et de ses alliés. Les partis de l'opposition et la société civile étaient peu représentés.

Les contours des réformes avaient sensiblement évolué. En effet, tout au début, l'intention était de faire de simples réajustements de quelques institutions pour permettre l'instauration de l'option fédérale de l'État. Ensuite, on est passé à une relecture totale des institutions existantes avec, en particulier, l'idée d'introduire un poste de vice-présidence. Finalement, il s'agissait d'opérer un bouleversement total des institutions qui amèneront à l'avènement de

---

[99] Voir le décret n° 681/PR/PM/2016 du 25 octobre 2016 instituant le Haut Comité chargé des réformes institutionnelles (HCRI).

[100] Voir l'arrêté n° 188/PR/PM/2017 du 18 janvier 2017 instituant le Comité technique interministériel (CTI) d'appui au HCRI.

la IVe République tchadienne[101]. C'est ce qui ressort de la feuille de pilotage des réformes institutionnelles issues du décret n° 681/PR/PM/2016 du 25 octobre 2016 signé par le président de la République Idriss Deby Itno, qui fixait les grands axes des reformes à opérer : « la forme de l'État et l'introduction d'un poste de vice-président, le réaménagement des grandes institutions, la promotion de la femme et des jeunes, le futur cadre des élections, les députés (mandat, nombre, mode de scrutin, la suppléance), la création d'une Cour spéciale de répression des crimes économiques et financiers et la réforme de la Haute Cour de Justice, l'impunité des ministres, les réformes judiciaires, l'armée et les forces de sécurité »[102]. Pour mener à bien ce nouveau chantier constitutionnel, le président Deby Itno procèdera à une opération de consultations publiques pour contourner la légitimation référendaire. Un forum inclusif autour du projet des réformes sera alors créé.

Le nouveau texte régissant le Tchad a été voté à l'Assemblée nationale le 30 avril 2018 par cent trente-deux voix favorables et deux contre. Il convient de préciser que les trente-trois députés de l'opposition avaient boycotté le vote parlementaire, exigeant ensemble avec les

---

[101] Lors de son allocution à l'occasion de l'ouverture des travaux du forum national inclusif sur les réformes institutionnelles du Tchad, boycotté par l'opposition, le 19 mars 2017, le président tchadien Idriss Déby Itno était un peu plus clair à ce sujet : « Point n'est besoin de rappeler que l'exercice auquel vous êtes conviés est capital. Il s'agit de la naissance de la IVe République (…). Si nous estimons que la fédération ou la régionalisation est le schéma idéal qui convient à notre pays, il ne faut avoir aucune crainte de nous engager sur cette voie et de vivre de nouvelles expériences. » https://www.voaafrique.com/a/ouverture-du-forum-pour-des-reformes-institutionnelles-au-tchad/4305095.html (consulté le 30 novembre 2018)

[102] Comité de Suivi de l'Appel à la Paix et à la Réconciliation (CSAPR), *Les réformes institutionnelles au Tchad. Entre ambitions partisanes et unité nationale. Rapport alternatif des organisations de la société civile tchadienne* (2017).

organisations de la société civile et l'Église catholique, l'approbation du projet constitutionnel par voie référendaire.

Issue des résolutions du forum national inclusif des réformes institutionnelles, la nouvelle constitution tchadienne renforce le statut constitutionnel du chef de l'État, récupérant les prérogatives présidentielles de la Constitution autoritaire du 19 janvier 1962. Elle instaure un régime présidentiel. Élu au suffrage universel direct[103], le président de la République concentre entre ses mains tout le pouvoir exécutif, qu'il exerce soit directement, soit par l'intermédiaire de ses ministres[104]. De plus, les ministres, s'ils n'ont aucune action sur le corps législatif, ne dépendent en rien de celui-ci. Ils ne dépendent politiquement que du titulaire du pouvoir exécutif[105]. Le président de la République détient la prérogative d'initiative des lois concurremment avec les membres de l'Assemblée nationale (art. 87). L'art. 66 allonge le mandat présidentiel à 6 ans, renouvelable une seule fois, contre la disposition de l'art. 61 de la constitution révisée en 2005 qui énonçait un mandat de 5 ans, renouvelable indéfiniment. Mais cette limitation ne convainc pas l'opposition qui relève qu'Idriss Deby, 65 ans, dont le cinquième mandat

---

[103] L'art. 66 prévoit que « le président de la République est élu au suffrage universel direct pour un mandat de six (6) ans, renouvelable une seule fois ».

[104] Le président de la République est le chef du gouvernement et de l'administration et à ce titre, il détermine et conduit la politique de la Nation. Il exerce le pouvoir règlementaire. Il dispose de l'administration et des forces de défense et de sécurité. Il est responsable de la défense nationale (art. 85). Il nomme les membres du gouvernement, fixe leurs attributions et met fin à leurs fonctions. Les membres du gouvernement sont responsables devant lui (art. 86). Il a l'initiative des lois concurremment avec les membres de l'Assemblée nationale (art. 87).

[105] Les membres du gouvernement sont responsables devant le chef de l'État (art. 86). Il a l'initiative des lois concurremment avec les membres de l'Assemblée nationale (art. 87).

s'achève en août 2023, pourra rester au pouvoir jusqu'en 2033[106].

3.3 Les expériences d'échec des tentatives de révision constitutionnelle : la réappropriation populaire de la constitution

À ce jour, le Mali fournit au néoconstitutionnalisme africain un véritable cas d'étude de la durabilité constitutionnelle au travers de l'engagement et de l'appropriation populaires en faveur de la préservation de la constitution, car les mouvements et la mobilisation citoyenne ont réussi à mettre en échec les trois projets de révision constitutionnelle proposés respectivement par les 3 chefs d'État de la IIIe République : Alpha Oumar Konaré en 2000[107], Amadou Toumani Touré[108] en 2010 et Ibrahim Boubacar Keita en 2017.

---

[106] Agence d'Information d'Afrique centrale, *Tchad : une nouvelle constitution adoptée*, le 1er mai 2018, http://www.adiac-congo.com/content/tchad-une-nouvelle-constitution-adoptee-82826 (consulté le 30 novembre 2018).

[107] Le premier président de la IIe République malienne, Alpha Oumar Konaré, avait tenté en 2000-2001 d'apporter des modifications à la Constitution de 1992, mais faute de consensus de la classe politique, ce projet de révision constitutionnelle avait été déclassé. Le projet est disponible sur : http://ddata.over-blog.com/xxxyyy/1/35/48/78/revision-MALI.pdf (consulté le 2 décembre 2018).

[108] Le deuxième, initié par Amadou Touré, s'était matérialisé par l'installation du Comité Daba Diawara, le 28 février 2008, un comité d'experts chargé de mener une réflexion approfondie sur la consolidation de la démocratie au Mali. Le Rapport Daba Diawara, remis au chef de l'État le 10 octobre 2008 et publié le 27 novembre 2008, préconisait dans ses lignes générales d'éviter toute tentation de révision régressive de la Constitution du 25 février 1992, susceptible d'être invalidée par la Cour constitutionnelle. C'est par ce souci que d'emblée, le comité avait écarté la levée de la limitation du nombre de mandats présidentiels. Suivant la feuille de route établie par le président Amadou Touré, le Rapport Daba Diawara avait proposé des modifications constitutionnelles sur trois volets : les réformes institutionnelles, le statut constitutionnel des partis politiques et le régime électoral.

Ainsi, l'exception démocratique malienne s'était érigée, à l'instar du Bénin, en une expérience réussie des transitions politiques et de consolidation de la voie démocratique. Jusqu'en 2012, année de renversement du second président de la IIIe République[109], le pays avait organisé 4 cycles électoraux (1992, 1997, 2002, 2007), le cinquième étant en voie de célébration (prévu en 2012), sous l'égide de la Constitution du 25 février 1992 qui n'avait pas connu d'amendements majeurs, visant à maintenir les équilibres issus de la Conférence nationale.

La Commission Daba Diawara[110], mise en place par le président Amadou Toumani Touré préconisait, au plan de réformes des institutions politiques, le maintien du régime semi-présidentiel en vigueur avec un président de la République élu au suffrage universel direct (mais avec un nouveau mode de parrainage et la suppression de l'exigence actuellement faite aux candidats d'être de nationalité malienne d'origine) et un Premier ministre qui demeure chef du gouvernement, responsable devant l'Assemblée nationale qui peut le renverser et peut être dissoute par le président de la République. En outre, le rapport proposait que « Le président de la République définisse la politique de la nation, qui serait mise en œuvre par un gouvernement dirigé par un Premier ministre qu'il nommerait et démettrait librement » (proposition n° 6), la création du Sénat élu au suffrage universel, pour renforcer les « capacités d'exercice de la fonction législative et de contrôle de l'action gouvernementale » (proposition n° 44). Le rapport introduisait aussi le contrôle de la

---

[109] Amadou Toumani Touré, au point de terminer son deuxième mandat et de quitter le pouvoir, est renversé dans la nuit du 21 au 22 mars par une junte militaire dirigée par le capitaine Amadou Haya Sanogo.

[110] Voir les analyses de Stéphane Bolle sur le rapport de la Commission Daba Diawara : « Synthèse du rapport Daba Diawara : une mauvaise copie ? ». Disponible : http://www.la-constitution-en-afrique.org/article-24045185.html (consulté le 9.12.2018).

constitutionnalité des lois par voie d'exception et proposait de doter la Cour constitutionnelle d'un pouvoir de contrôle électoral principalement limité à la gestion du contentieux électoral. Il proposait aussi la suppression du Haut Conseil des collectivités et de réaménager les attributions et les modalités de fonctionnement du Conseil économique, social et culturel et finalement de renforcer les moyens d'action du médiateur de la République.

Au chapitre du régime électoral, la proposition n° 55 préconise la liberté du pouvoir législateur pour retenir n'importe quel système électoral pour l'élection des députés à l'Assemblée nationale. Il propose aussi que les membres de l'Assemblée nationale puissent, selon leur circonscription, être élus au scrutin majoritaire, à la représentation proportionnelle ou au scrutin mixte[111].

La troisième tentative avortée de révision de la Constitution malienne de 1992 a été l'œuvre du président Ibrahim Boubacar Keita (IBK) qui avait déposé sur la table du bureau de l'Assemblée nationale le projet de loi portant révision de la constitution. Adopté par l'Assemblée nationale, le référendum sur le projet de révision de la constitution avait été programmé pour le 9 juillet 2017. Selon les termes officiels du gouvernement malien, la révision constitutionnelle initiée se justifiait à partir de trois exigences principales : d'abord, tirer les leçons de la crise sécuritaire qui a débuté en 2012 ; ensuite, corriger les lacunes et les insuffisances révélées par l'application de la constitution ; et finalement, mettre en œuvre les réformes prévues dans l'accord pour la paix et la réconciliation issues du processus d'Alger, signé en 2015

[111] Ce qui est en contradiction avec l'arrêt n° 96/003 de la Cour constitutionnelle du 25 octobre 1996. Voir à ce sujet les développements et commentaires de l'arrêt exposés par P.E. Spitz, « La Cour constitutionnelle du Mali et le droit électoral », *Cahiers du Conseil constitutionnel*, n° 2 (dossier : Mali), mai 1997.

avec la coordination des mouvements de l'Azawad (CMA), une alliance de groupes armés rebelles touaregs et arabes, qui vise à ramener la paix dans le septentrion malien.

Même si le projet de loi n'entraînait pas un changement de République, comme dans le cas tchadien, ni ne remettait en cause la durée et le nombre du mandat du président de la République, une analyse minutieuse des modifications constitutionnelles proposées révèle un bouleversement important de l'ordre constitutionnel issu de la Conférence nationale malienne. C'est en tenant compte de ce changement que l'opposition et la société civile ont dénoncé l'ambition du président Ibrahim Boubacar Keita de renforcer sa primauté constitutionnelle et d'instaurer « une monarchie républicaine ».

Ce projet récupère l'essentiel des propositions formulées par la Commission Daba Diawara commanditée par l'ex-président Amadou Toumani Touré (ATT) : il attribue au président de la République « la responsabilité de déterminer la politique de la Nation et le droit de nommer le Premier ministre et de mettre fin à ses fonctions sans qu'il soit nécessaire que celui-ci lui présente sa démission. Il crée un parlement composé de deux chambres : l'Assemblée nationale et le Sénat. La Cour constitutionnelle devient la 5e institution de la République et retrouve, en raison de la qualité et du mode de désignation et de prestation de serment de ses membres, ses attributions et son rôle, la place qui lui échoit dans la hiérarchie des institutions. C'est elle qui reçoit le serment du président de la République. »[112]

[112] Voir le communiqué du Conseil des ministres extraordinaire du vendredi 10 mars 2017. Disponible sur : http://bamada.net/communique-du-conseil-des-ministres-extraordinaire-du-vendredi-10-mars-2017 (consulté le 8.12.2018)

Ce projet de référendum sur la révision constitutionnelle s'était heurté contre une forte mobilisation citoyenne et de l'opposition politique. À l'instar des mobilisations des jeunes Sénégalais regroupés au sein du mouvement « Y'a marre » ou des Burkinabés au sein du « Balai citoyen », les plateformes des jeunes maliens « Touche pas à ma Constitution » et « *Antè Abanna* », qui signifie « On ne veut pas, c'est tout » en langue nationale bambara, ont été très actives et très mobilisées dans la rue pour demander le retrait « pur et simple » du projet de référendum. Des marches géantes ont été organisées dans un contexte très tendu et polarisé. Les manifestants, qui se comptaient par milliers à chaque marche, sont allés jusqu'à donner un délai au président de la République pour retirer ledit projet de révision constitutionnelle sous peine d'appeler à la « désobéissance civile ». Dans ce contexte, les chefs religieux et coutumiers sont allés demander au président d'écouter le peuple et de trouver une solution à la pomme de discorde qu'était devenu le projet de révision constitutionnelle[113]. Cette mobilisation malienne contre la révision constitutionnelle, qui dénote une prise de conscience citoyenne des enjeux politiques, constitue un nouvel élément du néoconstitutionnalisme africain qui prouve à suffisance l'émergence d'une démocratie avec les tiers pouvoirs, car les peuples du continent noir acceptent de moins en moins d'être tenus à l'écart de l'exercice de la souveraineté[114]. En effet, on constate çà et là, à partir des années 2010, que

---

[113] Agence de Presse africaine (APAnews), rétrospective Mali 2017 : le projet la révision constitutionnelle, l'actualité politique phare, Dakar (Dakar) 31 déc. 2017.
https://search-proquest-com.proxy.bibliotheques.uqam.ca/docview/1982585372?rfr_id=info%3Axri%2Fsid%3Aprimo (consulté le 8 décembre 2018)

[114] V.R. Manangou, « Contre-pouvoirs, tiers pouvoirs et démocratie en Afrique », *Association française de droit constitutionnel. Congrès de Lyon*, 26, 27 et 28 juin 2014, Atelier D. : Constitution, pouvoirs et contre-pouvoirs.

la deuxième vague de révision de la constitution en Afrique francophone est confrontée à l'opposition des organisations de la société civile et des partis politiques de l'opposition qui se mobilisent dans la rue[115]. Signe de la vitalité démocratique, les mobilisations des tiers pouvoirs (non politiques) mettent en exergue la domestication des contre-pouvoirs politiques (parlement) et juridictionnels (cours constitutionnelles traditionnelles) par les présidents africains.

C'est dans cette atmosphère tendue et après des semaines de violence verbale entre partisans et opposants au projet que le président malien, Ibrahim Boubacar Keïta, s'était vu obligé finalement de surseoir, *sine die*, à l'organisation de ce scrutin référendaire le 18 août 2017. L'argument juridique qui justifiait les réactions hostiles arguait que le texte gouvernemental était une violation de l'article 118 de la Constitution du 25 février 1992 qui stipule qu'« Aucune procédure de révision ne peut être engagée ou poursuivie lorsqu'il est porté atteinte à l'intégrité territoriale », se fondant sur l'occupation de Kidal par le Groupe armé de la CMA. Il y avait aussi un argument d'opportunité politique, car plus d'un s'interrogeaient sur la nécessité d'une révision constitutionnelle « à quelques encablures d'un mandat »[116].

[115] Voir les analyses de H. Nathanèl Kitti (2016), « La rue et la deuxième vague de révision des constitutions en Afrique francophone : ordre ou désordre », dans S. Traore, B. Camara et O. Devaux (dir.), *L'inversion sociale : un défi au droit et à l'ordre. Revue malienne des sciences juridiques, politiques et économiques de Bamako* (REMASJUPE), n° 2, 2016, pp. 39-61. L'auteur passe en revue les cas de mobilisations citoyennes contre les révisions constitutionnelles au Sénégal, au Bénin, au Burkina Faso, en RD Congo, au Gabon et au Togo.

[116] Propos de Me Abdoulaye Garba Tapo, ancien ministre de la Justice. https://maliactu.net/mali-le-president-ibk-et-la-revision-constitutionnelle-faits-marquants-dune-3eme-tentative-echouee/ (consulté le 8 décembre 2018)

3.4 L'expérience de rupture de la légalité constitutionnelle : la constitution de la junte militaire

À quelques semaines de la célébration des élections présidentielles auxquelles il ne se présentait pas, le président Amadou Toumani Touré fut évincé du pouvoir le 22 mars par un groupe de putschistes dirigé par le capitaine Amadou Haya Sanogo. Son évincement est dû au mécontentement généralisé des hommes en uniformes (et de leurs familles) en raison de son incapacité à endiguer les deux rebellions du nord du Mali : la rébellion touareg du MNLA, et la rébellion des groupes terroristes alliés à AQMI, qui avaient pris le contrôle des villes de Kidal, Gao et Tombouctou entre le 30 mars et le 1er avril.

La rupture de l'ordre constitutionnel issu de la Conférence nationale était ainsi consommée[117]. Les putschistes regroupés au sein du Comité national pour le redressement de la démocratie et la restauration de l'État [CNRDRE] avaient déclaré la Constitution du 25 février 1992 suspendue et toutes les institutions de la République dissoutes (jusqu'à nouvel ordre)[118]. La constitution des putschistes était promulguée par l'ordonnance n° 0001 du Comité national pour le redressement de la démocratie et la restauration de l'État portant acte fondamental de l'État du Mali. Celle-ci concentrait tous les pouvoirs d'État entre les mains de la junte militaire, jusqu'au moment où « l'unité nationale et l'intégrité territoriale seront rétablies » et un président soit élu démocratiquement[119].

---

[117] S. Chena et A. Tisseron, « Rupture d'équilibres au Mali », *Afrique contemporaine*, 5 juin 2013, n° 245 (1), pp. 71-84.

[118] Voir le communiqué du Comité national pour le Redressement, la Démocratie et la Restauration de l'État (CNRDR) du 22 mars 2012. Source : http://malijet.com/actualite-politique-au-mali/40599-communiqu%C3%A9-du-comit%C3%A9-national-pour-le-redressement,-la-d%C3%A9mocrati.html (consulté le 2 décembre 2018)

[119] Article 38 de l'Acte fondamental de l'État du Mali.

Il faut noter l'important rôle de pression diplomatique et économique[120] joué par la CEDEAO pour le rétablissement de l'ordre constitutionnel de février 1992. Les négociations entre cette organisation régionale et la junte militaire au pouvoir aboutirent à la signature le 6 avril 2012, entre les deux parties, d'un « accord-cadre pour le retour de l'ordre constitutionnel au Mali »[121], qui prévoyait le retrait du pouvoir de la junte militaire et la levée des sanctions économiques contre le Mali. Les modalités pratiques de ce retour à la légalité constitutionnelle constituent une construction juridique originale du néoconstitutionnalisme africain en matière de sortie des crises politiques. Le postulat de base consistait en la prise en compte des dispositions de l'article 36 de la Constitution de 1992[122] concernant les cas de « vacance de la présidence de la République pour quelque cause que ce soit ou d'empêchement absolu ou définitif constaté par la

« Le Comité national pour le Redressement de la Démocratie et la Restauration de l'État est chargé : d'assurer le maintien de l'intégrité du territoire et de l'unité nationale ; d'assurer la fonction législative ; de déterminer la politique de la nation ; de contrôler l'exécutif ; de veiller au respect de la loi ; de veiller à l'application de l'Acte fondamental ; d'œuvrer à la mise en place de nouvelles institutions démocratiques. »

[120] Le 2 avril, la Communauté économique des États de l'Afrique de l'Ouest (CEDEAO) avait décrété un embargo total contre le Mali aux fins d'obtenir le retour de la Constitution du 25 février 1992. Ces mesures comprenaient spécifiquement la « fermeture de toutes les frontières des États membres de la Cédéao avec le Mali, sauf à des fins humanitaires », la « fermeture au Mali de l'accès aux ports maritimes des pays côtiers de la CÉDÉAO ».

[121] http://mjp.univ-perp.fr/constit/ml2012.pdf (consulté le 2 décembre 2012)

[122] « En cas de vacance de la présidence de la République pour quelque cause que ce soit ou d'empêchement absolu ou définitif constaté par la Cour constitutionnelle saisie par le président de l'Assemblée nationale et le Premier ministre, les fonctions du président de la République sont exercées par le président de l'Assemblée nationale. Il est procédé à l'élection d'un nouveau président pour une nouvelle période de cinq ans. L'élection du nouveau président a lieu vingt-et-un jours au moins et quarante jours au plus après constatation officielle de la vacance ou du caractère définitif de l'empêchement. »

Cour constitutionnelle saisie par le président de l'Assemblée nationale et le Premier ministre ». Dans ce sens, la démission officielle et « volontaire » d'Amadou Toumani Touré donnait voie à l'application de certaines clauses de « L'Accord-cadre » concernant l'opérationnalisation de la clause de « transfert du pouvoir aux civils ». Celle-ci prévoyait l'investiture du président de l'Assemblée nationale Diacounda Traoré aux fonctions du président de la République *ad interim*[123], par la Cour constitutionnelle, avec comme mission d'organiser les élections dans le délai constitutionnel de 40 jours, ainsi que la désignation d'un Premier ministre de transition jusqu'à la tenue d'élections (présidentielles et législatives).

Après plusieurs péripéties de la transition politique, le retour effectif à l'ordre constitutionnel a été consacré par la victoire électorale d'Ibrahim Boubacar Keïta, dit IBK, élu au second tour de la présidentielle avec un score de 77,62 % des voix, le 10 août 2012[124].

---

[123] Investi le 12 avril 2012.

[124] Y. Bourdillon, « Présidentielle presque normale au Mali », *Les Échos* ; Paris, 31 juillet 2018 : 5.

CHAPITRE 4

LES PRINCIPAUX ACQUIS NORMATIFS ET THÉORIQUES DU NÉOCONSTITUTIONNALISME AFRICAIN

Les différentes étapes et expériences du phénomène constitutionnel en Afrique, tant du point de vue du discours sur le propre phénomène que des pratiques politiques liées à la constitution, ont produit progressivement une expertise et ingénierie constitutionnelle qui révèlent un processus de réappropriation de « l'idée de la constitution » qui se traduit par la conception des nouvelles composantes et articulations institutionnelles qui tiennent compte des « dynamiques spécifiques » du pouvoir politique en Afrique noire sans s'éloigner des standards de la pensée constitutionnelle universelle.

Ainsi, une intelligibilité condensée des acquis normatifs et des avancées théoriques enregistrés par le néoconstitutionnalisme africain dans les trois dernières décennies ne peut s'opérer qu'en adoptant une perspective diachronique et comparative, en situant le phénomène constitutionnel africain dans son contexte historique, en termes de continuité ou de rupture radicale avec les antécédents institutionnels des décennies antérieures (de l'héritage colonial aux constitutions issues du renouveau démocratique africain), intégrant ainsi à l'analyse une dimension temporelle indispensable pour une bonne compréhension du phénomène constitutionnel. Les progrès théoriques concernant l'encadrement juridique du pouvoir politique en Afrique noire sont mieux saisis lorsque le phénomène est placé dans son historicité et lorsqu'on se réfère à la philosophie et aux articulations fondamentales classiques du constitutionnalisme orthodoxe.

En effet, la fabrique des « constitutions originelles »[125], fondatrices de nouveaux régimes démocratiques, signale l'ampleur des revendications démocratiques des années 1990. Ce processus constituant initié durant les années de transition a débouché sur des innovations décisives et des articulations nouvelles, érigeant, du moins formellement, des « remblais, des digues et des barrages, pour s'assurer qu'aucun des pouvoirs ne sorte de son lit pour submerger les autres »[126].

Afin de sanctionner la rupture définitive avec l'autoritarisme, les constituants « originels » ont élaboré des recettes constitutionnelles « de précaution » dont les éléments ont été diversement dosés selon les pays, pour répondre aux attentes des « forces vives de la Nation ». Même si ces recettes font constamment l'objet de plusieurs remodelages, replâtrages et adaptations conjoncturels selon les dynamiques propres du « jeu des relations politiques » entre acteurs, sous les influx de certains facteurs structurels économiques, enjeux sociétaux et

---

[125] Pour Stéphane Bolle (*op. cit.*), ces constitutions ne sont pas des copies conformes des autres. Même si des « pèlerins constitutionnels » ont participé en coulisses à l'opération constituante, ces constitutions se distinguent, en général, « par un luxe de précautions destinées à prévenir le retour à l'autoritarisme. Chaque nouvelle constitution porte la marque de fabrique d'un constituant qui a œuvré selon des modalités particulières. Elle n'est pas, comme par le passé, le seul fait du prince. Le choix de ses lignes-forces donne toujours lieu à des échanges publics d'arguments, dans et hors des enceintes spécialement prévues à cet effet et au cours de la campagne précédant le référendum de ratification. »

[126] S. Bolle, *idem.*

interactions géopolitiques, elles ont configuré un socle des acquis formels incontournables dans la projection de la vie constitutionnelle et politique des pays francophones d'Afrique noire. Le dynamisme et les vicissitudes de la vie politique en Afrique noire ont progressivement consolidé une expertise et une ingénierie constitutionnelles africaines qui se sont d'abord matérialisées par le schéma original adopté pour la production des textes constitutionnels fondateurs 4.1) et ensuite, par la formalisation constitutionnelle et l'affermissement de l'idée irrévocable du primat de l'ordonnancement juridique sur l'ordonnancement politique, c'est-à-dire la suprématie de la constitution (4.2). En outre, cette ingénierie est manifeste par la conception des mécanismes et des procédures (*constitutional design*) destinés à l'optimisation des règles d'organisation du pouvoir dans l'État. Sous ce prisme, on dénote la production d'un certain rééquilibrage, par de nouvelles articulations au sein du pouvoir exécutif, tendant à limiter, dans une certaine mesure, la « prééminence exécutive » du chef de l'État (4.3) et, enfin, la création des institutions indépendantes « d'appui à la démocratie » (4.4).

4.1 Un schéma original de production des textes constitutionnels et des mécanismes d'adaptation du schéma constitutionnel

Dans un premier temps, les techniques d'élaboration, de maturation et d'échange politiques autour des textes constitutionnels en gestation ont été méticuleusement articulées pour s'assurer d'un minimum de consensus autour de la « rupture opérée » et de la *pax civilis* post transition. L'*iter* de la fabrique des constitutions originelles se produit en plusieurs séquences de garanties et de contrepoids :

« la Conférence nationale »[127] a énoncé les linéaments de la constitution post-autoritaire et chargé trois organes de la produire : une commission de rédaction, composée essentiellement de juristes, qui a mis en forme le texte ; un parlement de transition, élu par la Conférence nationale, qui a délibéré et arrêté le projet définitif ; enfin, le peuple qui, d'abord consulté lors de la popularisation de l'avant-projet, a approuvé la constitution par référendum[128].

En outre, les nouveaux systèmes constitutionnels issus du regain démocratique des années 1990 ont fait le pari de la stabilité politique par le droit. Pour ce faire, l'ingénierie constitutionnelle du néoconstitutionnalisme s'est efforcée de concevoir des mécanismes d'adaptation du schéma constitutionnel aux réalités sociales étant entendu, d'une part, que son adoption même était tributaire d'une situation sociale donnée et, d'autre part, que la volonté du peuple souverain ne s'épuise pas une fois le texte adopté. En effet, comme l'affirme Georges Burdeau[129], « la raison

---

[127] La Conférence nationale est une formule innovante et spécifique, utilisée comme un instrument de réussite de la transition démocratie dans plusieurs pays francophones d'Afrique : Bénin, Gabon, Congo, Niger, Mali, Togo, R.D. Congo et Tchad. Pour Magalie Besse, la nature de la Conférence nationale est mixte : « Elle est un rituel de transgression qui permet d'évacuer symboliquement les conflits, elle offre ainsi un espace public de la parole, ce qui conduit certains observateurs à la comparer, à tort ou à raison, à la célèbre palabre africaine. Mais elle se veut également une structure institutionnelle génératrice de nouveaux pouvoirs qui entend initier les valeurs démocratiques. C'est d'ailleurs pour mener à bien cette seconde mission que la quasi-totalité d'entre elles va opérer un véritable coup d'État civil en se déclarant souveraine. »
Voir M. Besse, « La Conférence nationale souveraine, un pouvoir constituant original ».
http://www.droitconstitutionnel.org/congresParis/comC3/BesseTXT.pdf
Voir aussi Y. Morel (1992), « Démocratisation en Afrique noire : les "conférences nationales" », *Études* 376 (6), juin 1992, pp. 733-743. De même que l'ouvrage d'Eboussi-Boulaga, Fabien (1993), *Les conférences nationales en Afrique noire : une affaire à suivre*, Paris : Karthala.
[128] S. Bolle (2005), *op. cit.*
[129] G. Burdeau, *op. cit.*, p. 83.

d'être des constitutions rigides est de donner plus de stabilité aux règles inscrites dans la constitution. Mais bien entendu, il ne saurait être question d'une immutabilité absolue, qui du point de vue politique enseigne un relativisme plus nuancé. » En partant de cette nécessité indéniable de prévoir des soupapes dans les circonstances de « combustion politique » et mus constamment par l'idée de valoriser la constitution, les constituants *post-transition* ont affirmé le principe de mutabilité de la constitution et la consécration de l'intangibilité de certaines dispositions constitutionnelles[130].

Généralement admis dans la théorie générale de la constitution, le principe de mutabilité de la constitution ne pose aucun problème, car il participe à la vocation d'amélioration et à l'équilibre des forces politiques et sociales dans la dynamique historique au sein de l'État. Cependant, ce principe de mutabilité est assujetti à des procédures restrictives et des formes spéciales plus difficiles à mettre en mouvement. Ces procédures renforcées constituent la garantie que l'acte a été accompli sans précipitations inconsidérées, avec toute la réflexion apaisée et la maturation nécessaire.

De plus, les constituants africains ont aussi blindé la révision de la constitution à travers les dispositions constitutionnelles intangibles. Pour ce faire, deux catégories de limites autonomes ont été énoncées : les limites conjoncturelles et les limites matérielles. Pour les premières, il s'agit de certaines circonstances qui empêchent toute révision constitutionnelle. Les circonstances dans lesquelles la constitution ne peut être modifiée sont, à cet effet, très restrictives. Il s'agit entre autres de l'état d'urgence ou de siège, de la période d'intérim à la présidence de la Répu-

[130] J. L. Atangana Amougou (2005), « Les révisions constitutionnelles dans le nouveau constitutionnalisme africain », *Politea*, n° 7, printemps 2005, pp. 583-623.

blique, etc. Ces circonstances sont généralement qualifiées de situations exceptionnelles dans lesquelles on considère que l'intégrité de l'État est menacée ou que les institutions de la République sont en danger et qu'il est souhaitable d'éviter tout débat autour de la norme suprême. Quant aux secondes, les constitutions érigent généralement des limites matérielles à leur révision, optant par ce fait pour la révision parfois partielle et excluant toute révision totale. Dans ce cas, la constitution elle-même prévoit des matières intangibles. C'est par exemple le cas de l'article 220 la Constitution de la R.D. Congo qui énonce 7 catégories de matières absolument intangibles : la forme républicaine de l'État, du principe du suffrage universel (article 5 al. 4), de la forme représentative du gouvernement (article 90 al. 3), du nombre et de la durée des mandats du président de la République (article 70), de l'indépendance du pouvoir judiciaire (article 149), du pluralisme politique et syndical (article 6). En outre, la norme interdit formellement toute révision constitutionnelle ayant pour objet ou pour effet de réduire les droits et libertés de la personne (titre II et article 61) ou de réduire les prérogatives des provinces et des entités territoriales décentralisées[131]. Ces matières sont jugées plus importantes que d'autres, parce qu'elles constituent un élément essentiel du « pacte constituant originel », et donc garantissant une certaine sécurité juridique à même d'encadrer l'action de l'État et de ses institutions.

---

[131] C. Yatala Nsomwe Ntambwe (2010), « La révision constitutionnelle dans la Constitution congolaise du 18 février 2006 », *Droit de la République du Congo, Études particulières.*
https://www.droitcongolais.info/etudes_particulieres.html

4.2 Le primat de l'ordonnancement juridique sur l'ordonnancement politique

Dans son intéressant essai « Les pratiques constitutionnelles dans les pays d'Afrique noire francophone : cohérences et incohérences », Karim Dosso remarque que :

« Les conférences nationales ont permis d'adopter de nouvelles constitutions exprimant un aspect nouveau du consensus social. Longtemps, en effet, la doctrine africaniste avait considéré la constitution, non comme un instrument de protection des gouvernés, mais comme une technique de légitimation du pouvoir des gouvernants. Or, l'opération constituante résultant des conférences nationales a débouché sur la mise en place des bases d'un nouvel ordre. On assiste à une démultiplication généreuse des instruments protecteurs. »[132]

Ces observations rendent compte du fait que dans la relation entre le pouvoir et le droit, l'ordre constitutionnel autoritaire, ayant précédé l'avènement des conférences nationales souveraines dans l'espace francophone d'Afrique, était fondamentalement caractérisé par la prééminence du pouvoir sur le droit par le biais de la sacralisation du pouvoir.

Cette conception transcendantale du pouvoir sur le droit entraîne visiblement, comme l'a démontré avec brio le professeur Maurice Kamto, la dénaturation de certains principes du constitutionnalisme classique, et sa conséquence logique est l'incertitude du droit, désormais livré à un pouvoir que rien n'arrête ni ne contrôle[133]. Par cette dynamique, la dévalorisation du droit conduisit à l'incertitude du constitutionnalisme, manifeste par quatre

---

[132] K. Dosso, « Les pratiques constitutionnelles dans les pays d'Afrique noire francophone : cohérences et incohérences », *Revue française de droit constitutionnel* 2012/2 (n° 90), pp. 57-85. DOI : 10.3917/rfdc.090.0057.

[133] M. Kamto, p. 429 et suivantes.

paramètres démontrables en cette période du constitutionnalisme autoritaire : l'instabilité et l'ineffectivité constitutionnelles, l'ineffectivité du contrôle de la constitutionnalité des lois et l'atteinte au principe de la suprématie constitutionnelle.

À l'opposé de recul de trois décennies de mépris des dirigeants africains à l'égard des textes constitutionnels considérés au mieux comme des faits de princes et des concessions faites au discours sur la légalité constitutionnelle attendue par les bailleurs de fonds internationaux, au pire comme de simples faire-valoir juridiques, les constitutions issues du regain démocratique des années 1990 ont démontré à tous égards qu'elles étaient préoccupées par la valorisation de l'idée de constitution et des valeurs qu'elle véhicule.

Désormais élevées au rang le plus noble et le plus sacré de fondement de toute activité politique, les constitutions africaines postulent des valeurs et des idéaux du républicanisme libéral. S'inscrivant ainsi dans une logique de construction des sociétés politiques véritablement démocratiques, en rupture avec les systèmes constitutionnels autoritaires et dictatoriaux, elles consacrent le phénomène pluraliste et l'avènement de l'État de droit. Elles affirment de grands principes de liberté et de droits de l'homme.

Le préambule de la Constitution béninoise de 1990[134], l'une des pionnières des régimes démocratiques post transition, est un peu plus explicite sur la nouvelle vocation des constitutions africaines. On y réaffirme le rejet de tout « régime politique fondé sur l'arbitraire, la dictature, l'injustice, la corruption, la concussion, le régionalisme, le népotisme, la confiscation du pouvoir et le pouvoir per-

---

[134] Loi n° 90-32 du 11 décembre 1990 portant Constitution de la République du Bénin.

sonnel ». À travers la constitution, le peuple béninois, est déterminé à créer

« Un État de droit et de démocratie pluraliste, dans lequel les droits fondamentaux de la personne, les libertés publiques, la dignité de la personne humaine et la justice sont garantis, protégés et promus comme la condition nécessaire au développement véritable et harmonieux de chaque Béninois tant dans sa dimension temporelle, culturelle, que spirituelle. »

Cette formule proclamant la fonction nouvelle assignée à la constitution est partagée dans toutes les constitutions des États francophones d'Afrique[135]. Dès lors, elles sont devenues des références majeures dans la vie politique. Leur respect est souvent au centre des débats politiques, et leur violation éventuelle est de plus en plus contestée publiquement, voire sanctionnée par les juridictions constitutionnelles, même lorsqu'elle est le fait de l'exécutif et tout particulièrement du président de la République. Ce qui était impensable il y a seulement quelques années est devenu monnaie courante aujourd'hui[136].

Dans les expériences de démocratisation en Afrique, la valorisation de l'idée de constitution incite, avant toute chose, à la réhabilitation du droit et des institutions, en

---

[135] Voir par exemple la Constitution de la VIIe République du Niger qui réplique, dans son préambule, les mêmes termes de la constitution béninoise. « Réaffirmons notre opposition absolue à tout régime politique fondé sur la dictature, l'arbitraire, l'impunité, l'injustice, la corruption, la concussion, le régionalisme, l'ethnocentrisme, le népotisme, le pouvoir personnel et le culte de la personnalité. » La Constitution de la R.D. Congo s'aligne aussi dans cette vision : « Animé par notre volonté commune de bâtir, au cœur de l'Afrique, un État de droit et une Nation puissante et prospère, fondée sur une véritable démocratie politique, économique, sociale et culturelle. Considérant que l'injustice avec ses corollaires, l'impunité, le népotisme, le régionalisme, le tribalisme, le clanisme et le clientélisme, par leurs multiples vicissitudes, sont à l'origine de l'inversion générale des valeurs et de la ruine du pays. »

[136] A. Bourgi (2002), « L'évolution du constitutionnalisme en Afrique : du formalisme à l'effectivité », *Revue française de droit constitutionnel*, 2002/4, n° 52, pp. 721-748. p. 725.

leur réservant la place qui leur revient dans l'architecture normative et institutionnelle de l'État. Cette quête de valorisation implique la reconnaissance solennelle de la prééminence juridique supérieure de la constitution aux lois et à la jurisprudence du pays[137]. Dans ce sens, le droit se cristallise dans les institutions à travers des règles et des procédures qui orientent l'action des acteurs. Ces derniers doivent se conformer et s'épanouir dans les limites établies par cette dimension structurante du droit constitutionnel, désormais régulatrice du jeu et de l'espace politique.

Le mouvement de gestation du néoconstitutionnalisme africain a mis en évidence sa quête de revalorisation de l'idée de constitution à partir de deux conditions qui sont consubstantielles à l'écrit constitutionnel lui-même : d'une part, les conditions matérielles qui, partant du présupposé que la constitution est, avant toute chose, une norme juridique vouée à produire les effets attendus par ses auteurs tant du point de vue de son énoncé et de son émetteur que du point de vue du rang qu'elle occupe dans la hiérarchie des normes[138]. De ce fait, la substance constitutionnelle est composée de règles de droit, d'une qualité supérieure, devant limiter les abus du pouvoir et garantir les libertés individuelles. D'autre part, concernant les conditions formelles qui sont conçues en rapport avec la procédure d'adoption et de révision de la constitution, qu'elle soit

---

[137] Ce qui implique, suivant le schéma de la doctrine positiviste de Kelsen, que « du point de vue formel et matériel, toute promulgation législative émanant du gouvernement et qui, par son contenu, se dressera en opposition ou en conflit aux articles de ladite constitution, entraînera une procédure juridique par laquelle la validité de ladite loi sera contestée devant les instances compétentes, lesquelles auront pouvoir de la déclarer "inconstitutionnelle" et de nul effet. »

[138] N. G. Gbeou-Kpayile (2017), « L'idée de constitution en Afrique noire francophone », *Revue d'étude et de recherche sur le droit et l'administration dans les pays d'Afrique*, Université Montesquieu – Bordeaux IV, publié en mai 2017.

écrite ou coutumière, la constitution est solennellement proclamée comme la Loi suprême de l'État, elle devient donc la Loi des lois et la norme de référence qui, suivant la pyramide de Kelsen, détermine les organes et les procédures législatives dont la modification est rendue fort complexe.

En outre, le retour au pluralisme s'est accompagné d'une abondante proclamation des droits et libertés dans les nouvelles constitutions africaines qui en présentent de véritables chartes, ce qui marque une rupture avec le passé autoritaire des régimes africains[139]. Ainsi, les nouvelles constitutions des pays francophones d'Afrique noire - affirment aussi de grands principes de liberté et de droits de l'homme. Elles ont perfectionné la fonction constitutionnelle de garantie et protection juridictionnelle des droits et libertés publics. Pour Luc Sindjoun[140], ce changement d'encadrement constitutionnel des droits de l'homme traduit l'assimilation tropicale de la donne libérale de la politique dite internationale. Cet auteur analyse cette évolution comme une garantie apportée à la communauté internationale, et partant, elle participe de l'esthétisation ou la stylisation de la quête de la distinction et relève du dispositif étatique de séduction. Il reconnaît cependant que « l'argument de la séduction constitutionnelle n'évacue pas celui de l'existence d'un contexte normatif stimulant, porteur pour les droits de l'homme », raisonnant qu'à l'opposé des anciennes constitutions qui reconnaissaient les droits de l'homme de manière molle à travers le préambule sans effet contraignant, avec valeur de pétitions de principe, les nouvelles renforcent la constitutionnalisation

---

[139] B. Guèye (2009), « La démocratie en Afrique : succès et résistances », *Pouvoirs*, 129 (2), pp. 5-26.

[140] L. Sindjoun (1995), « Les nouvelles constitutions africaines et la politique internationale : contribution à une économie internationale des biens politico-constitutionnels », *Études internationales*, 26 (2), pp. 329-345.

des droits de l'homme. Elles procèdent à une reconnaissance dure ou granitique des droits fondamentaux, soit en considérant le préambule comme une partie intégrante de la constitution[141], soit en consacrant un titre du corps de la constitution aux droits fondamentaux[142].

Dans cette démarche, le droit constitutionnel substantiel des pays africains tire les leçons de l'expérience autoritaire douloureuse. Il se réfère, en général, aux instruments internationaux (notamment la Déclaration universelle des droits de l'Homme de 1948) et régionaux (notamment la Charte africaine des droits de l'Homme et des peuples de 1981). Cependant, le dosage entre les droits civils et politiques, les droits sociaux économiques et culturels et droits de la troisième génération (droit à un environnement sain, satisfaisant et durable, droits de la femme, droits de l'enfant et droits des peuples...) est variable selon les pays. Ce droit constitutionnel substantiel des pays africains converge et unifie les principes de garantie et de protection des droits de l'homme par la reconnaissance juridique de certains droits citoyens qui ont une incidence directe dans le contrôle démocratique du pouvoir politique. Il s'agit par exemple de l'initiative législative populaire, contrôle de la constitutionnalité des lois ouvert à tout citoyen (*in abstracto*), technique de l'exception d'inconstitutionnalité, possibilité ouverte aux citoyens de recours en inconstitutionnalité contre les actes règlementaires censés porter atteinte aux droits fondamentaux[143].

---

[141] C'est le cas de la Constitution congolaise du 15 mars 1992.

[142] Cf. titre 2 de la Constitution du Bénin du 10 décembre 1990, titre préliminaire des constitutions du Niger et du Gabon, titre 2 de la Constitution de Madagascar du 19 août 1992. Le titre II de la Constitution de la RDC de 2006 traite exclusivement de la garantie des droits humains, des libertés fondamentales et des devoirs du citoyen et de l'État.

[143] I. Madior Fall (2008), *Le pouvoir exécutif dans le constitutionnalisme des États d'Afrique*, Paris : L'Harmattan, p. 22.

Certes, le néoconstitutionnalisme africain survenu à partir de 1990 est nécessairement un constitutionnalisme d'adaptation au « retournement du monde », mais il n'est pas un constitutionnalisme de gestion de la situation politique interne. C'est dans cette vocation spécifique interne que se profilent les autres dimensions de l'ingénierie constitutionnelle africaine. En effet, le *constitutional engineering*, concept proposé par Giovanni Sartori, embrasse l'ensemble des institutions gouvernementales (chef de l'État, gouvernement, Parlement) ainsi que leurs interactions ; il embrasse également les modes et niveaux de distribution verticale du pouvoir politique ainsi que le système électoral. Ces dimensions rassemblent les principaux choix et décisions constitutionnels qui caractérisent chaque démocratie et fondent le système politique. L'ingénierie constitutionnelle fait donc allusion à la mise en œuvre des préférences, positions et choix institutionnels exprimés par la société et opérés par le détenteur du pouvoir constituant originaire, pour s'assurer une reproduction fidèle et une meilleure expression des valeurs et intérêts sociaux.

Une des grandes articulations nouvelles du néoconstitutionnalisme africain concerne la fonction présidentielle et le pouvoir exécutif. Bien que dans les agencements post-transition, la fonction présidentielle reste au cœur du dispositif institutionnel[144], les nouvelles constitutions ont introduit des mesures limitatives de ses attributions d'une portée non négligeable, en plus des clauses de limitation de mandats présidentiels cumulables successivement.

---

[144] F. Hourquebie (2012), « Quel statut constitutionnel pour le chef de l'État africain ? Entre principes théoriques et pratiques du pouvoir », *Afrique contemporaine* 2012/2 (n° 242), pp. 73-86.

4.3 Vers un rééquilibrage des prérogatives au sein du pouvoir exécutif pour limiter la « prééminence exécutive » du chef de l'État

Sous l'effet du pluralisme incarné, entre autres, par une représentation parlementaire reflétant mieux les diverses sensibilités politiques, de l'émergence des libertés publiques, et de l'affirmation du pouvoir judiciaire, l'exercice du pouvoir obéit désormais à des paramètres qui n'avaient guère cours précédemment[145]. Ces paramètres ont du moins le mérite d'atténuer les élans autoritaristes. De plus, le rééquilibrage des pouvoirs décisionnels dans le néo constitutionnalisme africain s'est opéré aussi par la démocratisation de l'accession au pouvoir présidentiel. Dans les nouveaux systèmes constitutionnels africains, le procédé de désignation du chef de l'État demeure l'élection au suffrage universel direct pluraliste. La généralisation de l'élection concurrentielle s'explique par la volonté d'ouvrir et de normaliser la compétition présidentielle[146]. L'accumulation des conditions d'éligibilité à la présidence, la limitation à deux du nombre de mandats présidentiels, la prestation de serment du président élu, en viennent à renforcer les digues de la négation au retour du présidentialisme négro-africain de triste souvenir.

Par ailleurs, « la constitutionnalisation » du poste de Premier ministre, chef du gouvernement, renvoie au souci d'équilibrer et de limiter les pouvoirs du président de la République, qui a toujours guidé les travaux des rédacteurs des nouvelles constitutions. Celles-ci, à travers les multiples contre-pouvoirs qu'elles ont instaurés, ont été souvent le fruit de compromis entre les tenants du régime présidentiel, considéré comme la traduction institutionnelle d'un État fort, et les partisans d'une prééminence de

---

[145] A. Bourgi (2002), *op. cit.*

[146] I. Maidor Fall (2008), *op. cit.*, p. 39.

la représentation parlementaire, gage de respect de la volonté populaire[147]. Certes, le droit de désigner les membres du gouvernement a toujours été dans le constitutionnalisme africain un droit constitutionnel propre, personnel, exclusif et discrétionnaire du chef de l'État ; toutefois, dans les nouveaux régimes politiques africains, la prérogative présidentielle de désignation des membres du gouvernement garde toujours ces caractères évoqués, mais révèle être aujourd'hui plus ou moins conditionnée par le nouvel environnement juridique et politique pluraliste. Cette nouvelle réalité se remarque aussi bien au niveau de la désignation du Premier ministre qu'au niveau de la nomination des ministres. D'abord, cette prérogative présidentielle est conditionnée par le Parlement, en ce qu'il a d'abord l'obligation de nommer le Premier ministre dans la majorité parlementaire (ce qui implique l'intervention du Parlement). Ensuite, bien que discrétionnaire, cette prérogative est mise en condition par des facteurs objectifs (agencement des pouvoirs, facteurs d'ordre technocratique ou politique). Enfin, le pouvoir de désignation des ministres et autres membres du gouvernement peut être réduit par l'intervention du Premier ministre ou par d'autres contraintes politiques telles que le jeu de majorité, la coalition ou d'autres circonstances exceptionnelles.

De même, si les nouveaux systèmes constitutionnels ont maintenu les structures législatives et exécutives traditionnelles, ils ont cependant organisé une nouvelle répartition entre elles. Cette nouvelle répartition tient compte des exigences et contingences de la vie politique en Afrique. C'est d'ailleurs dans cette dimension que se situe une autre articulation de l'ingénierie du néoconstitutionnalisme, en ce qu'elle revisite les interactions entre le pouvoir exécutif et le pouvoir législatif. Parce que la

---

[147] A. Bourgi (2002), *op. cit.*

démocratie moderne, fondée sur le principe de légitimité politique du consentement de la majorité à l'exercice du pouvoir, reste indubitablement associée à l'institution parlementaire, la structure de celle-ci ainsi que son agencement dans l'édifice constitutionnel sont révélateurs du degré de démocratisation des régimes politiques. En tant que symbole de la représentation politique de toutes les entités nationales au sein de l'État, l'institution parlementaire doit exercer des fonctions politiques réelles, et partant, participer à l'expression de la volonté d'État.

Conformément à ce nouvel aménagement, le gouvernement se voit confier une véritable fonction directive de la politique nationale, c'est-à-dire le plein exercice du pouvoir politique qui se traduit par des lois ou des mesures exécutives. Les organes exécutifs se sont transformés à la fois en organes d'impulsion et d'action. Parallèlement à ce processus de renforcement de l'autorité de l'exécutif, le Parlement se réduit à la fonction délibérante, c'est-à-dire à la seule fonction de réflexion et de contrôle de l'action gouvernementale. Par cette réalité, la véritable division n'est pas entre le pouvoir de faire la loi et celui d'exécuter, mais entre, d'une part, le pouvoir qui appartient aux organes exécutifs de diriger la politique nationale en utilisant à cet effet l'appareil administratif dont ils disposent et, d'autre part, la liberté laissée aux organes délibérants, c'est-à-dire aux assemblées parlementaires, de contrôler l'action gouvernementale. Hormis cette évolution fonctionnelle qui confirme le déclin de l'équilibre parfait des pouvoirs, le néoconstitutionnalisme africain a conçu des mécanismes et instruments assurant l'indépendance du pouvoir législatif et son autonomie par rapport aux autres pouvoirs d'État. Cette nouvelle configuration se matérialise dans certaines « prérogatives » attribuées tant au Parlement en tant que corps (prérogatives collectives) qu'à ses membres individuellement considérés (prérogatives individuelles). Ces deux types de prérogatives doivent être conçus comme des garanties fonctionnelles dans la mesure où leurs destinataires sont les chambres parlementaires et les membres des chambres en tant que tels et non comme des citoyens. L'objet de ces prérogatives est de garantir l'indépendance du Parlement et de ses membres.

Aujourd'hui, sans être incontestables, les avancées sont significatives. Le Parlement n'est plus un gadget. Il est sorti de son recueillement muet pour devenir un acteur de la scène politique. Cette reparlementarisation est marquée, du point de vue juridique, par un double mouvement. Le premier s'apprécie au plan structurel : l'élargissement démocratique qui débouche sur la fin des Parlements monocolores induits corrélativement à l'émergence de Parlements plus ou moins représentatifs du peuple. Quant au second, il concerne le renforcement fonctionnel du Parlement : les Parlements devenant des « espaces de dialogue », le silence cède la place aux bruits, aux débats. Usant pleinement de leurs prérogatives constitutionnelles, les Parlements participent désormais à l'activité normative. Mieux, le contrôle de l'activité gouvernementale devient effectif. On retrouve cette quête d'affirmation progressivement dans le contrôle de l'activité gouvernementale.

4.4 Les institutions d'appui à la démocratie

Les nouvelles constitutions africaines ont établi certaines institutions chargées de superviser et gérer le processus électoral, de contrôler le respect de la liberté d'expression et de veiller à l'égal accès de toutes les opinions politiques aux médias audiovisuels publics, et de promouvoir les règles d'éthique et lutter contre la corruption. Ces institutions ont pour missions respectives de garantir la neutralité et l'impartialité dans l'organisation d'élections libres ; d'assurer la neutralité des médias ; de promouvoir et protéger les droits de la personne et de favoriser la pratique des valeurs morales et républicaines. Elles jouissent de l'indépendance d'action entre elles et par rapport aux autres institutions de la République ; et chacune dispose d'une personnalité juridique propre. Pour être effectives, cependant, les garanties constitutionnelles d'une meilleure participation politique devront être accompagnées par une mise en œuvre législative. Généralement, ces institutions sont les suivantes : la Commission électorale indépendante ; l'Observatoire national des droits de la personne ; la Haute autorité des médias[148] ; la Commission d'éthique et lutte contre la corruption.

[148] Constitution du Bénin, titre VIII de la Haute autorité de l'audiovisuel et de la communication, Niger. Constitution de la VIIe République (25 novembre 2011), titre VIII du Conseil supérieur de la communication (CSC). Constitution du Gabon du 12 janvier 2011, titre VII du Conseil national de la communication.

CHAPITRE 5

LES LIMITES DU NÉOCONSTITUTIONNALISME AFRICAIN

La fin des années 1980 et le début des années 1990 marquent, en Afrique, le début d'un processus démocratique qui résulte d'une remise en cause significative de l'ordre juridico-politique existant, qui affecte tout l'ordonnancement constitutionnel régissant les systèmes politiques africains. En effet, à partir de 1989, des mouvements de contestations et de revendications démocratiques d'une ampleur inimaginable, quelques mois auparavant, émergent subitement et se développent irréversiblement. Avant cette année, rares étaient les États qui n'étaient pas dirigés selon l'une ou l'autre des formes qu'avait prises l'autoritarisme, que ce soit le régime militaire, le régime de parti unique, le régime d'inspiration marxiste ou la dictature personnelle[149]. Par l'action et l'effet de contagion des forces revendicatrices de la démocratie, ces années marquent la fin de l'ère du constitutionnalisme autoritaire ou rédhibitoire, donnant ainsi naissance à un nouveau constitutionnalisme aligné sur la « pensée

---

[149] M. Gazibo, *Les paradoxes de la démocratisation en Afrique. Analyse institutionnelle et stratégique*, Presses universitaires de Montréal, 2005, p. 12.

constitutionnaliste universelle libérale », dépouillée de la dimension prétendument *africaniste*[150].

Le point d'inflexion que marque ce revirement est d'abord perceptible par l'appropriation populaire du processus de production constitutionnelle. Les forces vives de la Nation, converties en « forces de changement », ont en effet prêté une attention plus soutenue à l'élaboration de nouvelles règles constitutionnelles, aux fins de créer les conditions optimales de construction d'un nouvel édifice institutionnel garant de l'équilibre des pouvoirs et de l'instauration de l'État de droit. Le principe de rupture avec « l'ordre ancien », caractérisé par la prééminence du pouvoir sur le droit par le biais de la sacralisation du pouvoir[151], s'opérationnalisait au travers de la (re)valorisation de l'« idée de la constitution »[152] et l'affirmation de l'engagement irréversible de construire un État démocratique de droit par la constitution. Celle-ci, désormais considérée comme le dernier rempart contre les dérives « présidentialistes » de naguère, devait ainsi permettre d'assurer le respect des libertés fondamentales et le bon fonctionnement du pluralisme retrouvé[153].

Cependant, la consolidation des acquis démocratiques est une phase distincte de la transition, car, « à la sortie de l'autoritarisme, en fonction d'une configuration particulière donnée par le jeu entre contraintes structurelles, hé-

---

[150] I. Maidor Fall, *Le pouvoir exécutif dans le constitutionnalisme des États d'Afrique*, L'Harmattan, Paris, 2008, p. 22.

[151] M. Kamto, *Pouvoir et droit en Afrique noire. Essai sur les fondements du constitutionnalisme dans les États d'Afrique noire francophone*, Librairie générale de droit et de la Jurisprudence LGDJ, Paris, 1989.

[152] N.G. Gbeou Kpayile, « L'idée de constitution en Afrique noire francophone », *Afrilex – Revue d'étude et de recherche sur le droit et l'administration dans les pays d'Afrique*, Université Montesquieu – Bordeaux IV, mai 2017.

[153] A. Bourgi, « L'évolution du constitutionnalisme en Afrique : du formalisme à l'effectivité », *Revue française de droit constitutionnel*, n° 52, 2002/4, pp. 721-748.

ritages du passé, architectures institutionnelles et stratégies des acteurs, un pays peut se doter d'institutions démocratiques durables ou, au contraire, retomber dans l'autoritarisme »[154]. Dans le cas concret des pays francophones d'Afrique noire, l'euphorie consécutive aux acquis du constitutionnalisme issu du grand tournant des transitions des années 1990, en termes de valorisation de l'idée de constitution et de perfectionnement des règles relatives à l'exercice du pouvoir et des mécanismes de garantie et de protection des droits de la personne et du citoyen, a laissé place à des désappointements. Les constitutions africaines sont, tour à tour, tantôt asservies par les faits, tantôt desservies par le droit[155]. En plus de certains cas graves de récurrence de changements anticonstitutionnels de gouvernements[156] et des rébellions politico-militaires[157], une litanie de dérapages, déviations inquiétantes et malheurs de la constitution s'est enchaînée quelques années plus tard.

Ces épisodes ont mis en exergue une crise multiforme liée aux dynamiques constitutionnelles en Afrique noire : d'abord, une crise de la démocratie électorale (5.1) qui s'exprime par des contestations récurrentes des modes démocratiques de sélection du personnel politique, donc une crise de la démocratie représentative. Il s'ensuit une crise de normativité ou de la suprématie de la constitution qui se

---

[154] M. Gazibo, « Les paradoxes de la démocratisation… », *op. cit.*, p. 19.

[155] K. Dosso, « Les pratiques constitutionnelles dans les pays d'Afrique noire francophone : cohérences et incohérences », *Revue française de droit constitutionnel* (n° 90), 2012/2, pp. 57-85.

[156] M. Ndulo, « L'interdiction des changements anticonstitutionnels de gouvernement », dans Abdulqawi A. Yusuf, Fatsah Ouguergouz (dir.), *L'Union africaine, cadre juridique et institutionnel. Manuel sur l'organisation panafricaine*, Pedone, Paris, 2013, pp. 223-243. Cet auteur fait un tour d'horizon des prises de pouvoir par la force entre 1996 et 2006, p. 224 et suivantes.

[157] Congo, en République centrafricaine, au Tchad, au Niger, au Mali, en Guinée, en Côte d'Ivoire, en Mauritanie.

formule par les multiples difficultés, tant conceptuelles que pratiques, d'adaptation des aléas de la vie politique au schéma constitutionnel (5.2). Enfin, une crise des contre-pouvoirs politiques (5.3) et juridictionnels (5.4) qui induit à l'émergence d'une démocratie avec les tiers pouvoirs. Ces péripéties, qui dénotent d'une régression évidente, mettent sur la sellette l'épineuse controverse de l'ancrage social, politique et juridique du constitutionnalisme en Afrique noire et renforcent les critiques exprimées sur l'effectivité, l'efficacité et la solidité du constitutionnalisme en Afrique.

Partant de ces prémisses d'intégration des paradoxes, desservis par la trajectoire du constitutionnalisme africain et à la lumière des évolutions plus récentes, cet article met en perspective certaines manifestations de crise qui s'opèrent dans ce néoconstitutionnalisme pour en déterminer si, par leur nature et leurs développements, elles constituent un élément de recul ou une dimension de mutation nécessaire et de stabilisation de l'évolution constitutionnelle. Cette analyse se fonde sur le postulat selon lequel, toute constitution, après sa mise en vigueur, entre dans une période de probation au cours de laquelle elle subit, en fonction des contingences nationales, de multiples transformations et corrections justifiées tant par la dynamique du pouvoir que par les interprètes autorisés (autorités politiques et juridictions). Ce processus de refabrication témoigne de nouveaux processus constitutionnels qui essayent d'intégrer les contradictions et rectifier les incohérences de la vie constitutionnelle en Afrique noire francophone. Cette prétention d'un examen explicatif et corrélatif, qui s'étend sur un double registre d'analyse des déclinaisons formelles que des pratiques constitutionnelles[158] ne sauraient être utiles sans émettre

[158] Certains auteurs, parmi lesquels, le professeur P. Avril (1997), *Les conventions de la constitution*, Paris, PUF, coll. Léviathan, 1997 ; Dicey (1902), « *Constitutional convention* », *Introduction à l'étude du droit constitutionnel*, trad. A. Batut/G. Jèze, Paris, éd. Girard et Brière ; F. Lemaire,

quelques réflexions sur les conditions et modalités du constitutionnalisme effectif dans les pays francophones d'Afrique noire.

5.1 Une crise de la démocratie électorale

La démocratie moderne, fondée sur le principe de légitimité politique du consentement de la majorité à l'exercice du pouvoir, s'opère au travers d'un processus électoral qui dégage cette volonté réelle exprimée par le peuple dans sa majorité. Elle prend la forme d'une démocratie représentative par la désignation des représentants du peuple souverain au travers des opérations électorales cycliques. Par ce fait, la démocratie est souvent analysée sous l'angle de l'élection, d'où l'expression « démocratie électorale ». Ainsi, l'organisation d'élections réussies est perçue comme un signe de vitalité démocratique d'un pays, surtout quand cette élection favorise l'alternance au pouvoir[159]. Puisque c'est la démocratie qui à l'épreuve des élections, les opérations électorales doivent garantir la transparence, l'égalité de chance à tous les candidats et la véracité des urnes.

« Les conventions de la constitution dans le système juridique français », *RFDC*, n° 35, 1998, pp. 451-515 assimilent la pratique constitutionnelle aux conventions des constitutions, qui consistent en une interprétation des dispositions de la constitution pour l'appliquer à des situations concrètes, émanant des autorités – politiques et des juridictions constitutionnelles – chargées d'interpréter et d'appliquer la constitution. Dans ce sens s'exprime aussi S. Bolle (2005), « Des constitutions made in Afrique », *Communication au VIe congrès de droit constitutionnel*, Montpellier, 9,10 et 11 juin, pour qui la catégorie de « la constitution des politiques présente un double visage : celui d'un texte fabriqué et refabriqué dans l'exercice souverain du pouvoir constituant et celui de la pratique, des usages indigènes qui affinent, déforment ou escamotent la constitution formelle (la constitution conventionnelle, avec deux sous catégories : la constitution ajustée et la constitution manipulée) ».

[159] A. Moctar Diallo, « Penser la démocratie au-delà des élections », *Éthique publique* [en ligne], vol. 13, n° 2, 2011.

Plusieurs auteurs ont souligné et fourni une perspective subsaharienne et panafricaine continentale pour analyser et appréhender la « démocratie électorale » en Afrique. Cette littérature académique met en exergue les aspects et les contraintes d'ordre politique, juridique et économique tout en dimensionnant le poids des jeux politiques et solutions dans les élections subsahariennes. À ce sujet, Pascal Mukonde Musulay fournit un cadre théorique bien outillé sur le plan conceptuel et méthodologique, à partir de la triade droit, pouvoir et argent, pour analyser et comprendre certains dysfonctionnements de la démocratie électorale en Afrique[160]. Ce cadre théorique appréhende d'abord le cadre juridique du déroulement des opérations électorales et des mécanismes pour garantir l'authenticité des résultats du vote dans les États subsahariens. Il se complète par l'exégèse juridique et institutionnelle du contentieux électoral et la pratique électorale internationale. Le second versant de ce cadre théorique traite de l'incidence des mécanismes de pressions des puissances internationales et régionales dans la consolidation de la démocratie électorale, il s'en tient à l'essence des discours internationaux et la stratégie internationale conquérante de l'espace démocratique vital pour la démocratie. Le troisième versant concerne l'argent et la géostratégie de la démocratie financière mondiale dans le déroulement des opérations électorales.

En outre, d'autres voix discordantes proposent de « Penser la démocratie au-delà des élections » en Afrique. Se basant sur les tendances de la participation politique à la baisse et la montée de l'abstentionnisme électoral, surtout chez les jeunes, ces auteurs arguent que « l'élection est certes un instrument d'analyse pertinente de la démo-

---

[160] P. Mukonde Musulay, *Démocratie électorale en Afrique subsaharienne. Entre droit, pouvoir et argent,* Globethics.net, African Law n° 4, Université Godfrey Okoye Enugu/Nigéria, 2016.

cratie, mais à elle seule, elle ne suffit pas pour mesurer la vitalité démocratique d'un pays ». Ils s'appesantissent sur l'idée d'une démocratie au quotidien qui suppose des citoyens éclairés qui s'informent des affaires de la cité. Cet intérêt porté aux affaires de la cité pousse les citoyens à chercher à mieux connaître le mode de gestion utilisé par leurs représentants[161].

Certes, la démocratie électorale est un sujet de grande controverse en Afrique noire. Dans bon nombre d'États africains, les élections cristallisent, ravivent les antagonismes régionaux, ethniques ou religieux et entraînent une situation agitée avec la rupture des équilibres politique, institutionnel, et social. Les arguties des élections libres, apaisées, crédibles et transparentes ainsi que les avatars de l'alternance politique partisane évoquent, sans ambages, une crise de la démocratie électorale en Afrique noire francophone. À ce sujet, plusieurs interrogations surgissent à la vue du paradoxe entre des systèmes fondés sur l'élection et la difficulté des États africains à organiser des élections apaisées et dont les résultats sont acceptés, et parfois leur incapacité même à les organiser. Comment construire les compromis préalables qui garantissent l'expression libre et acceptée des suffrages des citoyens plutôt que des arrangements constitutionnels postélectoraux qui ne tiennent que le temps d'un mandat, voire moins ? Comment redéfinir un environnement éclairé et libre des suffrages[162] ? Cette crise de la démocratie électo-

---

[161] A. Moctar Diallo, « Penser la démocratie au-delà des élections », *Éthique publique* [en ligne], vol. 13, n° 2/2011, mis en ligne le 23 octobre 2012, consulté le 4 juin 2018.
URL : http://journals.openedition.org/ethiquepublique/782
DOI : 10,400 0/ethiquepublique.78

[162] Voir les notes de « Contexte et problématique » de l'atelier régional sur les constitutions en Afrique, « Construire de nouvelles alternatives constitutionnelles en Afrique », élaborées par Assane Mbaye, pour le compte de l'Alliance pour refonder la gouvernance en Afrique.

rale en Afrique noire est manifeste dans les séries de violences et crises politiques produites à chaque cycle électoral. Ainsi, les élections sont devenues un vecteur ou un catalyseur de conflits et crises politiques[163]. C'est sous ce prisme que, dans son essai portant sur *Élections et instabilités politiques en Afrique de l'Ouest*, Saliou Faye établit un diagnostic et une cartographie des conflits et crises politiques liés aux élections durant la dernière décennie. Il y révèle, de façon plus éclairante et apostrophante, l'ampleur, l'acuité et l'actualité de la problématique des élections en Afrique de l'Ouest[164].

Sans nul doute, les expériences des compétitions électorales subsahariennes démontrent des pratiques politiques et sociales bien éloignées des standards de l'élection libre et concurrentielle. Ces expériences visualisent la magnitude des défis communs à la gestion des élections auxquels sont confrontés les États africains. À ce propos, les études rassemblées dans le collectif *Organes de gestion des élections en Afrique de l'Ouest. Une étude comparative de la contribution des commissions électorales au renforcement de la démocratie* indique que tous les Organes de gestion des élections (OGE) sont confrontés à des problèmes similaires dans la gestion des élections. Parmi les plus importants, le collectif cite la création et le maintien d'un registre électoral crédible, le coût élevé des élections, le manque de pouvoir pour sanctionner les fautes et le faible niveau d'implication des Organes de

---

http://base.afrique-gouvernance.net/fr/corpus_bipint/fiche-bipint-638.html

163 I. Madior Fall, et coll. : *Organes de gestion des élections en Afrique de l'Ouest. Une étude comparative de la contribution des commissions électorales au renforcement de la démocratie*, Open Society foundations, Dakar, 2011.

164 S. Faye, *Élections et instabilités politiques en Afrique de l'Ouest*, 2014. http://classiques.uqac.ca/contemporains/Faye_Saliou/elections_instabilites_Afrique_ouest/elections.html

gestion des élections (OGE) dans la gestion des litiges électoraux.

En effet, de nombreuses élections en Afrique sont entachées de fraudes importantes de nature à remettre en cause leur crédibilité[165]. Pour Cheikh Yerim Seck, cette anomalie démocratique tient à deux raisons plus essentielles[166]. En premier lieu, « dans l'esprit de dirigeants africains, à la fois juge et partie aux élections, celles-ci n'ont qu'une valeur symbolique et évènementielle parce que n'ayant pas la capacité de sanction négative qui fait leur sérieux et leur enjeu dans les démocraties réelles ». En second lieu, l'auteur souligne le manque notoire de transparence. Très souvent, « les élections sont truquées dans le continent suivant une très longue chaîne qui part de l'ouverture des listes électorales à la proclamation des résultats ». Des savoir-faire multiples, de plus en plus sophistiqués, sont développés par les opérateurs politiques et leurs « petites mains » pour « orienter » les résultats des scrutins : disposer peu de bureaux de vote dans les zones acquises à l'opposition, distribuer des cartes électorales et faire voter les morts, falsifier les comptes-rendus des bureaux de vote, ou tout simplement réécrire quelques chiffres sur le

---

[165] B. Owen, « Les fraudes électorales », *Pouvoirs*, n° 120, 2007/1, pp. 133-147.
Pour cet auteur, la fraude électorale qui cherche à modifier la volonté du corps électoral apparaît dans des domaines imprévus par le législateur. Il établit 3 catégories de fraudes : la fraude organisée, importante ou isolée. En outre, il convient de signaler que la fraude électorale peut s'effectuer sous des formes et des taux variables : elle peut porter sur l'aménagement ou le découpage de circonscriptions électorales, sur les résultats du recensement (gonfler les résultats du recensement de certaines circonscriptions et diminuer les résultats des autres), sur la condamnation des potentiels concurrents pour les empêcher de participer à la compétition électorale, sur le dédoublement des votes par l'enrôlement des électeurs sur plusieurs registres électoraux, sur le système de comptage…

[166] C. Yerim Seck, *Afrique : le spectre de l'échec*, L'Harmattan : Paris, 2000, p. 199 et suivantes.

système informatique, etc.[167]. En prolongement de ces arguments, il convient d'ajouter le manque de neutralité de l'État dans sa mission d'organisation des élections. L'instrumentalisation des moyens humains (les fonctionnaires de l'État qui sont convertis en agents électoraux du parti au pouvoir) ou de ressources économiques de l'État (amassées en gérant l'État comme leur bien propre) crée un différentiel des ressources entre les candidats et rend presque impossible une quelconque élection concurrentielle[168].

En outre, il ne s'est presque jamais passé d'élections en Afrique francophone noire, qui ne soient pas suivies de contestations, de dénonciations de fraude et accompagnées de violences meurtrières. Il est donc établi qu'en Afrique noire francophone, l'accès au pouvoir est un aspect important, sinon un inducteur indéfectible de la violence électorale. Celle-ci est inhérente à la capacité des élites politiques à créer des incitations à l'action collective ainsi qu'à la mobilisation des forces ethniques loyales ou des milices connexes aux partis politiques souvent impliquées dans le recours à la violence comme instrument de fraude électorale ou comme réaction à celle-ci[169]. En outre,

---

[167] V. M. Vincent Darracq, « Les élections en Afrique : un mirage démocratique ? », *Politique étrangère*, 2011/4 (hiver), pp. 839-850.

[168] Ce déséquilibre des ressources entre les candidats explique la longévité des leaders issus de l'ère des partis uniques que la vague démocratique des années 1990 a temporairement fait vaciller, mais qui ont vite repris le contrôle et sont toujours au pouvoir aujourd'hui (Denis Sassou Nguesso au Congo Brazzaville, Paul Biya au Cameroun, Blaise Compaoré au Burkina Faso, que la rue avait obligé à s'exiler) où ces dynasties familiales qui succèdent allègrement à leur père (les Eyadéma au Togo, les Kabila en République démocratique du Congo, les Bongo au Gabon).

[169] Les cas de figure de ces expériences de violences postélectorales sont nombreux :
au Sénégal, la phase préélectorale de 2012 a failli basculer dans une turbulence sans précédent et l'élection présidentielle de 2012 a été un moment de violence inouïe.

l'absence de consensus dans la négociation des règles du jeu électoral est également facteur de conflits et de crises. Il en est de même des manipulations exercées sur elles ainsi que sur les institutions[170].

Cette pluralité des facteurs de crises et conflits liés aux élections conduit, généralement, à des négociations politiques postélectorales pour départager, par la voie de la « discussion politique », les acteurs en conflits. Il s'agit de la récurrence, dans le contexte africain, des arrangements institutionnels initialement utilisés pour gérer des sorties de guerre civile[171] qui se transforment en instruments juridiques pour juguler et régler les contentieux électoraux. Généralement, ce modèle de solution de conflits postélectoraux, à vocation salomonique, privilégie le partage du

---

La Côte d'Ivoire connut, lors du second tour de l'élection présidentielle de 2010 opposant Laurent Gbagbo et Alassane Ouattara, une des crises postélectorales les plus aigües d'Afrique. Deux semaines de guerre et quatre mois de crise, suite au refus de Laurent Gbagbo de reconnaître sa défaite à la présidentielle en faveur d'Alassane Ouattara.
En 2005 au Togo, à la suite du décès de Gnassingbé Eyadéma, des violences ont ensanglanté le pays après l'annonce de la victoire de l'un de ses fils, Faure Gnassingbé. Le pays fut bouleversé par des violences qui causèrent des centaines des morts et des dizaines des milliers de personnes blessées.
En Guinée, le second tour des élections présidentielles de 2010 opposant Alpha Condé et Cellou Dalein Diallo bascula dans une violence ayant occasionné des pertes de vies humaines.
En dehors de la zone d'Afrique de l'Ouest, on peut encore citer les expériences fâcheuses des crises postélectorales au Gabon, en RD Congo (fin 2011, les élections présidentielles et législatives, organisées par Joseph Kabila, de façon chaotique et entachée de nombreuses irrégularités, ont été précédées et suivies de violences) et au Burundi.
Au Kenya, en décembre 2007, la réélection du président Mwai Kibaki, contestée par le camp de son adversaire Raila Odinga, que les sondages donnaient gagnant, a été suivie d'émeutes et de violences interethniques.
Au Zimbabwe, après la victoire de Morgan Tsvangirai aux élections générales de 2008, ses partisans ont été la cible d'une vague de violences. Tsvangirai s'est retiré avant le second tour de la présidentielle et son rival, Robert Mugabe, a été réélu lors d'un scrutin qualifié de « farce ». Cette liste n'est pas exhaustive.

[170] S. Faye, *Élections et instabilités…*, *op. cit.*

[171] Cas du Burundi et les accords de Sun City pour la R.D. Congo.

pouvoir. Ce système est parfois présenté avec enthousiasme comme « une solution africaine aux problèmes africains ». L'Afrique du Sud en particulier, très attachée à la *power sharing* en raison de l'histoire de sa propre transition postapartheid réussie, est inlassable dans sa promotion du modèle « *one size fits all* » pour toute sortie de crise sur le continent dont, bien sûr, la crise électorale[172].

Sur le plan théorique, ces accords politiques établis en périodes de crise orientent une relation à la fois conflictuelle et pacifique avec le principe classique kelsenien de la supériorité normative de la constitution. Paterne Mambo[173] s'est appesanti dans cette relation ambivalente de la cohabitation entre les règles constitutionnelles et les conventions politiques. Cet auteur insiste sur l'influence incontestable des accords politiques qui modifient, somme toute, la structuration de l'ordonnancement juridique, car « cette cohabitation conflictuelle ou pacifique pose le problème entier de la norme prépondérante dans l'hypothèse d'une contrariété des dispositions en présence ». L'originalité de cette « tendance africaine » réside dans sa capacité à faire prévaloir les règles politiques sur les règles constitutionnelles lorsqu'il s'agit de résoudre une crise ou un conflit. « La logique de l'orthodoxie juridique aurait consisté plutôt à régler la crise dans le cadre de la normativité constitutionnelle. Certes, des solutions constitutionnelles aux crises politiques africaines existent. Mais, lorsque la constitution manipulée ou instrumentalisée est indigne de la confiance de certains acteurs politiques et qu'elle est contestée par l'opposition, que faire face à la crise persistante ? »

---

[172] V.M. Vincent Darracq, « Les élections en Afrique… », *op. cit.*

[173] P. Mambo, « Les rapports entre la constitution et les accords politiques dans les États africains. Réflexion sur la légalité constitutionnelle en période de crise », *McGill Law Journal*, 57 (4), 2012, pp. 921-952.

Les interactions entre les crises postélectorales (qui sont les causes) et les accords politiques de partage du politique ou de gestion consensuelle (qui sont les solutions) débouchent sur l'émergence d'un nouveau phénomène, le constitutionnalisme alternatif, une marque déposée, propre des États africains. Ce constitutionnalisme alternatif est pénétré par l'émergence de règles – les accords politiques – autres que celles de la constitution. Tout comme celles-là, celles-ci ont un objectif juridique ayant vocation à fixer le statut et l'organisation du pouvoir d'État. De ce point de vue, on ne peut leur dénier une portée matériellement constitutionnelle. En effet, les accords politiques, à côté ou parallèlement à la constitution, informent, aujourd'hui, le fonctionnement des pouvoirs publics constitutionnels. L'accord interivoirien de Linas-Marcoussis[174] en fournit un exemple révélateur. Il fixe à la fois le statut du Premier ministre et ses rapports avec le président de la République[175].

Ce constitutionnalisme alternatif, né des contextes de crises postélectorales, devient nocif quand il est élevé au rang d'une normalité et d'un mode de régulation ordinaire de la vie politique et d'agencement des institutions. Par sa prolifération, il participe finalement à créer des incertitudes du droit constitutionnel, et partant, de l'instabilité institutionnelle. L'exception ne pouvant jamais se convertir en règle.

Cependant, malgré cette constante du spectre de l'échec électoral, il est important de ne pas perdre de vue les alternances au pouvoir en Afrique, même si la structuration des forces politiques de l'opposition dans un certain nombre d'États africains est préoccupante. Dans une intéressante étude sur les stratégies des partis politiques de l'opposition

---

[174] A. Abu Bakkar Bah, « Democracy and civil war: citizenship and peacemaking in Côte d'Ivoire », *African Affairs,* 109/437, 2010, pp. 597-615.
[175] K. Dosso, « Les pratiques constitutionnelles… », *op. cit.*

qui ont réussi à accéder au pouvoir par la voie électorale, Issaka K. Souaré[176] présente un aperçu général des alternances pacifiques au pouvoir sur le continent africain, notamment celles qui ont bénéficié à l'opposition partisane. Il en ressort des données moins encourageantes. Entre 1990 et 2016, on dénombre quelque 31 victoires de l'opposition partisane dans 19 pays sur le continent. Aussi, on dénote que 25 chefs d'État ou de gouvernement africains avaient été battus par des candidats de l'opposition, dans le même intervalle.

5.2 Une crise de normativité de la constitution. Le paradoxe des constitutions rigides et de l'inflation révisionniste

C'est dans la force du droit que les acteurs politiques engagés dans les processus de démocratisation ont tenté de trouver les voies et les moyens d'introduire de véritables changements[177]. Révolus les temps de l'incertitude du droit, livré à un pouvoir que rien n'arrête ni ne contrôle[178], les concepteurs de nouveaux systèmes constitutionnels issus du regain démocratique des années 1990 ont fait le pari de la stabilité politique par le droit. Pour ce faire, l'ingénierie constitutionnelle du néoconstitutionnalisme africain s'est efforcée de concevoir des mécanismes d'adaptation du schéma constitutionnel aux contingences sociales et politiques.

Partant de cette nécessité indéniable de prévoir des soupapes dans les circonstances de « combustion politique » et mû constamment par l'idée de valoriser la constitution, le constituant post-transition a affirmé, à la fois,

---

[176] I. K. Souaré, *Les partis politiques de l'opposition en Afrique, la quête du pouvoir*, Presses universitaires de Montréal, Montréal, 2017, p. 126.
[177] A. Bourgi, « L'évolution du constitutionnalisme... », *op. cit.*
[178] M. Kamto, *Pouvoir et droit...*, *op. cit.*, p. 429 et suivantes.

les principes de mutabilité de la constitution et de l'intangibilité de certaines dispositions constitutionnelles. Il s'agissait au fait « de donner plus de stabilité aux règles inscrites dans la constitution. Mais bien entendu, il ne saurait être question d'une immutabilité absolue, qui du point de vue politique, enseigne un relativisme plus nuancé. »[179]

Le principe de mutabilité de la constitution est assujetti à des procédures restrictives et des formes spéciales plus difficiles à mettre en mouvement. Ainsi renforcées, ces procédures constituent la garantie que l'acte a été accompli sans précipitations inconsidérées, avec toute la réflexion apaisée et la maturation nécessaire. En outre, le renforcement des procédures de révision a été complété par les clauses d'intangibilité de certaines dispositions constitutionnelles, jugées plus importantes que d'autres, parce qu'elles constituent un élément essentiel du « pacte constituant originel », et donc garantissant une certaine sécurité juridique à même d'encadrer l'action de l'État et de ses institutions. Pour ce faire, le blindage des constitutions par les clauses d'intangibilité s'est opéré par deux catégories de limites à la révision constitutionnelle : les limites conjoncturelles et les limites matérielles. Pour les premières, il s'agit de certaines circonstances qui empêchent toute révision constitutionnelle, par exemple l'État d'urgence ou de siège, ou encore durant la période d'intérim à la présidence de la République. Ces circonstances sont généralement qualifiées de situations exceptionnelles dans lesquelles on considère que l'intégrité de l'État est menacée ou que les institutions de la République sont en danger et qu'il est souhaitable d'éviter tout débat autour de la norme suprême. Quant aux secondes, les constitutions érigent généralement des limites matérielles

[179] G. Burdeau, *Droit constitutionnel et institutions politiques*, Librairie générale de droit et de jurisprudence, 19e édition, Paris, 1980, p. 83.

à leur révision, optant par ce fait pour la révision parfois partielle et excluant toute révision totale. Dans ce cas, la constitution elle-même prévoit des matières intangibles : il s'agit de la forme républicaine de l'État, du principe du suffrage universel, de la forme représentative du gouvernement, du nombre et de la durée des mandats du président de la République, de l'indépendance du pouvoir judiciaire, du pluralisme politique et syndical.

Par l'énoncé de ces deux principes de mutabilité et d'intangibilité de certaines clauses constitutionnelles, le mouvement néo-constitutionnaliste africain a mis en évidence sa quête de revalorisation de l'idée de constitution[180]. De la sorte, la fabrique des « constitutions originelles », fondatrices de nouveaux régimes démocratiques, a conçu des « remblais, des digues et des barrages, pour s'assurer qu'aucun des pouvoirs ne sorte de son lit pour submerger les autres », sanctionnant ainsi la rupture avec l'autoritarisme. Les constituants africains ont élaboré des recettes constitutionnelles « de précaution » dont les éléments ont été diversement dosés selon les pays, pour répondre aux attentes des « forces vives de la Nation »[181].

---

[180] N. G. Gbeou-Kpayile, « L'idée de constitution en Afrique noire », *op. cit.* Selon cet auteur, la valorisation de l'idée de constitution s'opère à partir de deux conditions qui sont consubstantielles à l'écrit constitutionnel lui-même : d'une part, les conditions matérielles qui, partant du présupposé que la constitution est, avant toute chose, une norme juridique vouée à produire les effets attendus par ses auteurs, tant du point de vue de son énoncé et de son émetteur que du point de vue du rang qu'elle occupe dans la hiérarchie des normes. Partant, la substance constitutionnelle est composée de règles de droit, d'une qualité supérieure, devant limiter les abus du pouvoir et garantir les libertés individuelles. D'autre part, les conditions formelles qui sont conçues en rapport avec la procédure d'adoption et de révision de la constitution. Qu'elle soit écrite ou coutumière, la constitution est solennellement proclamée comme la Loi suprême de l'État, elle devient donc la Loi des lois et la norme de référence qui, suivant la pyramide de Kant, détermine les organes et les procédures législatifs dont la modification est rendue fort complexe.

[181] S. Bolle, « Constitution made… », *op. cit.*

Autour des années 2000, les acquis de ce constitutionnalisme « de précaution » ont été mis en cause progressivement au travers d'une foulée inflationniste des révisions constitutionnelles en Afrique noire francophone. Dans une étude des cas portant sur un échantillon de 5 pays francophones d'Afrique (Burkina Faso, du Cameroun, du Gabon et du Sénégal et du Togo, soit trois pays d'Afrique de l'Ouest et deux pays d'Afrique centrale), Atangana Amougou[182] établit les statistiques et le bilan des révisions constitutionnelles. Les conclusions ne sont pas encourageantes. En effet, le Sénégal, ayant fait l'objet d'une dizaine de réformes constitutionnelles, soit une moyenne d'une réforme par an, est certainement le pays le plus touché par cette fièvre constitutionnelle[183]. Le Burkina Faso[184], le Cameroun[185], le Gabon[186], le Tchad[187] et le

---

[182] J. L. Atangana Amougou, « Les révisions constitutionnelles dans le nouveau constitutionnalisme africain », *Politeia*, n° 7, printemps 2007, p. 583.
[183] En 1991, la Constitution sénégalaise a connu deux révisions. La première est intervenue par la loi n° 91-20 du 16 février 1991. La seconde survient quelques mois plus tard, soit le 6 octobre par la loi n° 91-46 du 6 octobre 1991. En 1992, la loi fondamentale du Sénégal fera l'objet de trois réformes intervenues successivement par les lois n° 92-14 du 15 janvier 1992, n° 92-22 du 30 mai 1992 et n° 92-94 du 3 septembre 1992. En 1994, une autre révision constitutionnelle est intervenue par la loi n° 94-55 du 13 juin 1994. L'année 1998 verra intervenir deux révisions par les lois n° 98-11 du 2 mars 1998 et celle n° 98-43 du 10 octobre 1998. En 1999, une réforme intervient par la loi n° 99-02 du 29 janvier 1999. Le 22 janvier 2001, le Sénégal adopte une nouvelle constitution par la loi n° 2001-03. Cette dernière voit sa première modification intervenir six mois seulement après son adoption, soit le 19 juin 2003 par la loi n° 2003-15.
[184] La Constitution burkinabé du 11 juin 1991 n'a fait l'objet que trois révisions. La première est intervenue en 1997 par la loi n° 002/97/ADP du 27 janvier 1997. La deuxième modification arrive en 2000 par la loi n° 003-2000/AN du 11 avril 2000. La dernière réforme constitutionnelle date de l'année 2002. Elle est intervenue par la loi n° 001-2002/AN du 22 janvier 2002.
[185] La Constitution camerounaise, elle, a fait l'objet de deux modifications depuis 1990. La première est intervenue le 23 avril 1991. La seconde survient le 18 janvier 1996.

Togo[188] ont procédé à peu de modifications de leur loi fondamentale. Simplement, les modifications auxquelles ils ont procédé ont considérablement modifié la nature du régime politique, provoquant ainsi quelquefois une instabilité constitutionnelle.

En matière d'inflation révisionniste, le cas du Sénégal est emblématique parce qu'il fournit une grille intéressante des facteurs explicatifs du phénomène. Dans une analyse spécifique de la pratique des révisions de la constitution au Sénégal, Ismaila Madior Fall[189] pointe une « malléabilité de la mise en œuvre de la procédure qui résulte d'une conjonction de facteurs de laquelle dérive une tentation de fraude dans l'usage du référendum pour réviser la constitution ». Pour l'essentiel, l'argumentaire de Fall pointe que l'inflation révisionniste est le fait du pouvoir exécutif, et plus particulièrement de l'initiative présidentielle, qui instrumentalise à ces fins la majorité qualifiée dont il dispose au parlement. Sur un nombre de trente-huit révisions constitutionnelles validées entre 1960 et 2009,

---

[186] Au Gabon, sa loi fondamentale adoptée le 26 mars 1991 a subi depuis lors quatre modifications. La première intervient trois ans après soit le 18 mars 1994. Elle est révisée une deuxième fois le 29 septembre 1995. Deux ans plus tard, une autre modification intervient, soit le 22 avril 1997. Enfin, le 30 juillet 2003, la Constitution gabonaise a fait l'objet d'une autre révision.

[187] Pour ce qui est de la Constitution tchadienne, elle a fait l'objet de trois révisions. La première intervient lors de la première législature, soit en 2000. La deuxième survient en 2001 et la dernière en mai 2004.

[188] Il en est de même du Togo, qui, depuis 1990, a procédé à quatre modifications de la constitution, dont les deux dernières, en l'espace de deux semaines. La première est celle du 27 septembre 1992. La deuxième intervient le 31 décembre 2002. La troisième est celle du 6 février 2005 et la dernière date du 21 février 2005.

[189] I. M. Fall, *Les révisions constitutionnelles au Sénégal. Révisions consolidantes et révisions déconsolidantes de la démocratie sénégalaise*, Dakar, CREDILA, 2012.

I. M. Fall, *La révision de la constitution au Sénégal.*
http://afrilex.u-bordeaux4.fr/sites/afrilex/IMG/pdf/La_revision_de_la_Constitution_au_Senegal_Ismaila.pdf

seules cinq sont des propositions de révision, c'est-à-dire d'origine parlementaire. Cette réalité en dit plus sur la primauté institutionnelle du président de la République, le principal activateur de la procédure de révision. En effet, l'auteur constate avec amertume que « lorsqu'il est question de révisions d'envergure importante visant à approfondir l'État de droit et la démocratie ou à modifier les équilibres du régime politique, les révisions proviennent de l'exécutif et notamment du président au nom de qui la réforme est annoncée. En revanche, si l'objectif de la révision est de régler un problème ponctuel ne bouleversant pas l'armature institutionnelle, l'initiative parlementaire est mobilisée, surtout si l'objet de la révision est controversé ou susceptible de provoquer l'impopularité de son ou de ses promoteurs », en plus, l'approbation de la révision par la voie parlementaire, la voie la plus aisée, est la règle du jeu révisionniste, car sur nombre de trente-huit révisions, une seule, à savoir celle de février 1970, a emprunté la voie référendaire.

Au sujet des domaines visés par les révisions constitutionnelles, une analyse minutieuse de celles-ci révèle une dynamique de reconstitutionnalisation de certains instruments du présidentialisme déconstitutionnalisés au début de la décennie 1990 pour en introduire de nouveaux. Les constituants de « la réaction » ont rivalisé d'ingéniosité, dissimulant le noyau dur de chaque révision dans une batterie d'amendements disparates ou refondant la constitution sous couvert de révision.

En réalité, ce sont les conditions constitutionnelles de la compétition présidentielle qui sont souvent revues et corrigées, sinon elles font l'objet des tentatives de révisions.

Le Bénin, qui sert parfois de modèle de parcours exemplaire de construction de la démocratie et de l'État de droit par la constitution, n'a pas échappé à la tentation de la dynamique révisionniste. Le président Boni Yaya, élu une première fois en 2006 puis réélu en 2011, présentera en 2013, trois ans avant l'expiration de son dernier mandat, un projet de révision constitutionnelle visant les clauses intangibles de limitation de mandat présidentiel et les limites d'âge des candidats. L'opposition étant descendue dans la rue, la Commission des lois du Parlement finit par rejeter le projet. Le nouveau président tentera aussi la même opération de révision de la constitution, mais sans succès. Le rapport de la Commission nationale technique chargée des réformes politiques et institutionnelles ou « Commission Djogbenou », instituée en 2016, a eu le mérite de mobiliser toute la classe politique et la rue contre surtout le projet d'un mandat unique.

Au Burundi par contre, après plusieurs tentatives, le président Pierre Nkurunziza vient de réussir son pari de révision constitutionnelle après plusieurs échecs, car le projet de révision de l'article 302 de la constitution, qui empêchait le président de briguer un troisième mandat, avait été rejeté par l'Assemblée nationale. Il réussira son passage en force sans modifier la constitution. Finalement, le 21 mai, la réforme constitutionnelle de Nkurunziza sera adoptée par référendum par 73,2 % des voix, contre 19,3 % pour le non, 3,3 % d'abstention et 4,1 % de bulletins nuls, selon les résultats communiqués par l'organisme en charge des élections dans le pays. La participation est de 96,4 %[190].

Au Congo-Brazzaville, plusieurs articles de la constitution en vigueur depuis 2002 (entre autres les art. 57 et 58 de limitation d'âge pour les candidats à l'élection présidentielle) empêchaient le président Denis Sassou Nguesso, réélu en 2009, de se porter candidat à sa propre succession à la présidentielle de 2016. Après plusieurs subterfuges

[190] https://www.lemonde.fr/afrique/article/2018/05/21/la-reforme-constitutionnelle-adoptee-au-burundi_5302435_3212.html

politiques, le président Sassou Nguesso réussit à faire passer son projet de constitution au référendum, lui permettant de briguer un troisième mandat présidentiel en 2016. Le projet fut « adopté » le 25 octobre 2016.

D'autres tendances révisionnistes des constitutions visent tout simplement à avantager le président sortant par l'élimination a priori de rivaux gênants, par l'instauration d'une élection à un tour[191] ou encore par l'attribution de pouvoirs exceptionnels. La réglementation du mandat présidentiel a été changée de fond en comble[192] avec l'allongement de sa durée de 5 à 7 ans et, surtout, avec la levée de l'interdiction de briguer un troisième mandat[193].

---

[191] C'est par exemple le cas de la révision constitutionnelle opérée en RDC par les députés et sénateurs réunis en congrès le 15 janvier 2011, promulguée par le président Joseph Kabila le 18 janvier 2011.
La proposition de loi soumettait huit articles de la Constitution de 2006 à la révision, dont particulièrement l'article 71 qui définit le mode de scrutin présidentiel. L'alinéa premier de cet article prévoit désormais un scrutin présidentiel à un seul tour alors qu'auparavant le texte disait : « Le président de la République est élu à la majorité absolue des suffrages exprimés. Si celle-ci n'est pas obtenue au premier tour du scrutin, il est procédé, dans un délai de quinze jours, à un second tour. » Il convient de signaler que cette réforme avait provoqué un débat houleux dans la classe politique congolaise. Les partis de l'opposition n'avaient pas participé au vote.

[192] Le cas du Rwanda illustre bien cette problématique. Le référendum sur la révision constitutionnelle du 19 décembre 2015, dont le résultat officiel annonçait 98,13 % en faveur du « oui » contre 1,71 % au « non », permettait un nouveau mandat pour le président Paul Kagame. Les nouveaux articles 101 et 172 autorisent potentiellement M. Kagame à se maintenir au pouvoir pendant dix-sept ans supplémentaires, même si le nouvel article 101 continue de limiter à deux le nombre de mandats présidentiels, tout en abaissant sa durée de sept à cinq ans. Paradoxalement, l'article 172 stipule que la réforme n'entrera en vigueur qu'après un nouveau septennat transitoire, entre 2017 et 2024. Le président sortant y étant donc éligible, de même que légalement aux deux quinquennats suivants.

[193] Un autre cas de figure concerne le Congo-Brazzaville au travers du référendum controversé du 25 octobre 2015 sur la révision constitutionnelle. Cette réforme a permis d'écarter deux obstacles juridiques qui empêchaient le président Sassou Nguesso de se représenter lors de l'élection présidentielle de mi-2016 : l'un restreignant l'âge des candidats à 70 ans et l'autre limitant le nombre de mandats à deux successifs.

« La restauration autoritaire de l'éligibilité indéfinie » vise à pérenniser une domination politique de fait, en éloignant le spectre de l'alternance que les conférences nationales avaient rendue automatique[194].

Quant aux facteurs explicatifs de ce phénomène révisionniste, les auteurs convergent en soulignant que la multiplication des révisions constitutionnelles, quelles qu'en soient les raisons, est interprétée comme une forme d'atteinte à la rigidité constitutionnelle. Pour leur part, Ibrahima Diallo[195] et Atangana Amougou[196] coïncident en pointant d'une part le manque d'encadrement juridique des révisions constitutionnelles qui débouche dans la conception instrumentaliste de la constitution et, d'autre part, le contrôle juridictionnel incertain des procédures de révisions constitutionnelles (par la justice constitutionnelle). Ces deux arguments interpellent les constitutionnalistes et la classe politique africaine à promouvoir une nouvelle éthique du constitutionnalisme en Afrique.

En dépit de la rigidité procédurale apparente[197], force est de constater que l'inflation révisionniste s'est convertie

---

[194] S. Bolle, *La constitution made…*, *op. cit.*

[195] I. Diallo, « Pour un examen minutieux de la question des révisions de la constitution dans les États africains francophones », *Revue d'étude et de recherche sur le droit et l'administration dans les pays d'Afrique – Afrilex*, Université Montesquieu – Bordeaux IV, mars 2015.

[196] J. L. Atangana-Amougou, « Rigidité et instabilité constitutionnelle dans le nouveau constitutionnalisme africain », *Afrique juridique et politique*, vol. 2, n° 2, juillet-décembre 2006, pp. 42-87.

[197] Confrontée à la théorie classique de la constitution, la quasi-totalité des constitutions des États d'Afrique francophone peut être alignée dans la catégorie des constitutions affectées d'une certaine rigidité, car les procédures de révisions sont à la fois solennelles et complexes. Solennelles parce qu'elles impliquent l'intervention d'une pluralité d'acteurs, appelés à se prononcer et à participer dans l'entreprise de révision. À ce titre, la mise en œuvre du référendum facultatif ou obligatoire est considérée comme un recours direct et solennel au pouvoir constituant originaire. Complexe, parce que la révision procède à des procédures exceptionnelles, différentes de la procédure législative ordinaire priorisant les lois constitutionnelles sur les lois ordinaires pour modifier définitivement la constitution. Ainsi, comme l'affirme Stéphane

en une pathologie récurrente des systèmes constitutionnels africains, donnant cours à une instabilité constitutionnelle qui rappelle les temps des constitutions autoritaires[198]. Eu égard à ce phénomène, plusieurs auteurs ont constaté tout simplement un processus régressif de « déconstitutionnalisation » de la constitution[199] ou de banalisation de celle-ci. Ils ont alerté de la crise de normativité de la constitution et dénoncé la remise en cause de la suprématie de la constitution par le politique par le rejet de son caractère « sacré » qui aboutit sur le non-respect de l'exigence de l'État de droit[200].

En tout état de choses, la crise de normativité constitutionnelle en Afrique, évoquée ici, doit être prise en compte dans un contexte général du débat académique de plus en plus intense sur les vertus des méthodes d'un positivisme juridique[201] déconnecté du substrat social de l'État (considéré comme un problème métajuridique). L'évolution de la vie constitutionnelle en Afrique noire induit à reconsi-

---

Bolle, « le cheminement d'une révision s'apparente à une course d'obstacles, depuis l'initiative jusqu'à l'approbation définitive. Le recours au référendum peut souvent être évité, mais à la condition que la loi constitutionnelle soit approuvée à une majorité qualifiée, comprise, selon les pays, dans une fourchette allant des trois cinquièmes aux quatre cinquièmes des députés. »

[198] J.L Atangana-Amougou, « Rigidité et instabilité constitutionnelle dans le nouveau constitutionnalisme africain », *Afrique juridique et politique*, vol. 2, n° 2, juillet-décembre 2006, pp. 42-87.

[199] F. J. Aïvo, « La crise de la constitution en Afrique », *Revue du droit public*, janvier-février 2012, pp. 141-180.

[200] S. Pagnou, « Essai d'explication du déficit de garantie de la liberté politique au Togo », *Les Annales de droit*, n° 9, 2015, pp. 157-185.

[201] D. Pierre Brunet, « Norberto Bobbio et le positivisme juridique », dans P. Comanducci et R. Guastini R (éd.), *Analisi & Diritto*, Giappichelli, 2005, pp. 159-170. Il est intéressant de souligner le sens du « positivisme juridique » comme « une approche du droit, une théorie de la connaissance juridique ou encore une méthodologie selon laquelle la connaissance du droit correspond à une activité axiologiquement neutre. Elle présuppose et est fondée sur la séparation des faits et des valeurs, en sorte que la connaissance du droit n'exige aucune évaluation préalable, c'est-à-dire que le droit peut être identifié sans évaluations. »

dérer la pertinence des méthodes essentiellement positivistes pour l'analyse du phénomène constitutionnel. Un des versants de ce débat plaide sur la nécessité de réinterpréter la constitution comme le résultat de la somme des facteurs réels du pouvoir[202]. Ce courant propose l'idée de la constitution comme totalité et souligne son caractère dynamique (cela n'assure pas seulement un ordre statique). Cette conception qui s'inscrit dans la droite ligne de la théorie matérielle de la constitution, élaborée par des auteurs comme Schmitt, Smend et Mortati, plaide pour un concept de constitution qui ne se borne plus à sa normativité. Cette théorie permet de comprendre la constitution, à partir de l'ensemble total de ses conditions juridiques, politiques et sociales, c'est-à-dire la constitution dans sa connexion avec la réalité sociale. Elle se propose, donc, à considérer le sens, les fins, les principes politiques et l'idéologie qui conforment la constitution, la réalité sociale à laquelle elle appartient, sa dimension historique et sa prétention de transformation[203].

5.3 Une crise des contre-pouvoirs politiques. Une opposition politique fragilisée face au défi de l'alternance démocratique

Dans le contexte des systèmes politiques majoritaires, l'opposition parlementaire est au cœur du jeu démocratique et de l'équilibre des pouvoirs. Outre sa fonction de représentation (celle d'une minorité du corps électoral), la raison d'être de l'opposition parlementaire réside dans l'action de contrôler la majorité parlementaire/gouvernementale et de proposer des solutions poli-

[202] F. Lassalle, *¿Qué es la constitución?*, Panamericana, Bogota, 1995.

[203] G. Bercovici, « La constitution dirigeante et la crise de la théorie de la constitution », *Buletin Stiintific - Scientific Bulletin*, Romenia, v. 20, 2011, pp. 1-33.

tiques alternatives. En cela, elle a vocation à exercer un contre-pouvoir politique, qui tire sa légitimité du suffrage populaire[204]. C'est dans cette optique que la littérature classique dégage la notion d'opposition politique sous un prisme normatif[205], en l'identifiant spécifiquement à l'opposition parlementaire. Cette approche restrictive de la notion d'opposition politique attribue à celle-ci un éventail très limité des fonctions, objectifs et modalités d'action qui se circonscrivent à un objet spécifique : l'arène parlementaire, et à un acteur spécifique : les partis de la minorité ; avec une ambition supposée : prendre le pouvoir[206]. Cette perspective est critiquable en ce qu'elle ne tient pas en compte la dimension et les outils extraparlementaires de l'opposition politique et ignore l'action des forces politiques qui ne sont pas représentées au Parlement national, car elles exercent aussi des activités d'opposition.

Le conflit politique étant institutionnalisé par la constitution, il n'est donc pas excessif d'affirmer que la vitalité d'une démocratie se mesure à l'aune de la participation et de la valeur de son opposition. Un tel postulat élucide en partie la situation actuelle des démocraties en Afrique, eu égard aux limites criardes des oppositions[207].

---

[204] B. Nabli, « L'opposition parlementaire : un contre-pouvoir politique saisi par le droit », *Pouvoirs*, n° 133, 2010/2, pp. 125-141.

[205] Voir par exemple ces auteurs : P. Norton, « Making Sense of Opposition », *The Journal of Legislative Studies*, vol. 14, n° 1, 2008, pp. 236-250. R.A. Dahl (dir.), *Political Oppositions in Western Democracies*, New Haven, CT, Yale University Press, 1966 ; G. Ionescu et I. de Madariaga, *Opposition-Past and Present of a Political Institution*, London, The New Thinker Library, 1968. L. Schapirol, « Putting the Lid on Leninism. Opposition and Dissent in the Communist one-Party States », *Government and Opposition*, vol. 2, n° 2, 1967.

[206] N. Brack et S. Weinblum, « Pour une approche renouvelée de l'opposition politique », *Revue internationale de politique comparée*, vol. 18, 2011/2, pp. 13-27.

[207] C. Yérim Seck, *Afrique le spectre…*, *op. cit.*, p. 181.

Dès lors, le manque d'alternance politique lors des compétitions électorales dans bon nombre d'États africains suscite aussi des interrogations sur la capacité de mobilisation et le degré de structuration des partis politiques d'opposition au sein des États francophones d'Afrique noire, au-delà de reprocher un supposé « refus » de l'alternance de la part des partis au pouvoir grâce au truquage des processus électoraux et aux modifications constitutionnelles faites à dessein. Ainsi, deux questions émergent : les partis politiques au pouvoir seraient-ils plus solides et mieux organisés, voire plus populaires que les partis d'opposition ? Y aurait-il un déficit organisationnel ou une défaillance stratégique de la part des partis politiques d'opposition[208] ?

En effet, les partis politiques, acteurs centraux de l'élection, sont généralement reconnus comme vecteurs décisifs de la consolidation et de la stabilisation du jeu démocratique, donnent un contenant et un contenu à la compétition démocratique. Dans le contexte africain, les partis politiques de l'opposition présentent bien des limites. Au-delà des brimades et des stratégies de diabolisation touchant les opposants et de multiples exactions auxquelles ils sont exposés, de nombreuses maladresses mettent en évidence l'incapacité des opposants africains à articuler un discours politique alternatif crédible, les inerties condamnables et le manque d'un projet mobilisateur autour d'une ligne de combat bien définie. À ce panorama désolant, s'ajoutent l'émiettement partisan et la faible structuration organisationnelle des partis politiques de l'opposition, souvent décrits comme des coquilles vides et faiblement institutionnalisées. Les ressorts de la mobilisation électorale sont alors la personnalité du leader et ses réseaux, le clientélisme, l'assurance faite à un groupe ou à

[208] I. K. Souaré, *Les partis politiques de l'opposition…*, *op. cit.*, p. 26.

une région que désormais, c'est « à notre tour de manger »[209].

À ce sujet, Issiaka Souaré, mettant en évidence le rôle crucial que jouent les acteurs politiques de l'opposition dans leurs efforts pour accéder au pouvoir d'État, fournit des éléments empiriques qui mettent en avant deux stratégies comme facteurs de réussite : la formation des coalitions électorales et le boycottage des élections. Au-delà de ces aspects stratégiques des acteurs, les partis politiques africains doivent résoudre une équation fondamentale, à double variable : où l'opposition peut-elle trouver les ressources financières et humaines pour crédibiliser son action et partager ses propositions ? Et comment mieux contrôler les ressources des partis au pouvoir ? Ces deux questions amènent à se pencher sur les mécanismes de restructuration du rapport « pouvoir/contre-pouvoirs » en Afrique.

Indubitablement, dans les démocraties parvenues à maturité et stables, où règne une tradition de tolérance politique, l'opposition peut prospérer sans caution juridique, tandis que dans les autres systèmes politiques, il arrive que l'opposition soit fortement brimée même si elle jouit d'une protection formelle importante[210]. Toutefois, pour assumer son rôle de contre-pouvoir et ainsi assurer l'équilibre des pouvoirs, les parlementaires, qui se regroupent par affinité politique au sein d'un groupe, doivent disposer d'un ensemble d'armes juridiques leur permettant d'assurer leur mission et ainsi réaliser leur « utilité constitutionnelle »[211]. C'est compte tenu de la menace de

---

[209] V. M. Vincent Darracq, « Les élections en Afrique… », *op. cit.*

[210] Commission européenne pour la démocratie par le droit (Commission de Venise), *Rapport sur le rôle de l'opposition au sein d'un parlement démocratique,* Strasbourg, le 15 novembre 2010, étude n° 497/2008.

[211] V. R. Managou, « Contre-pouvoirs, tiers pouvoirs et démocratie en Afrique », *Association française de droit constitutionnel*, Congrès de Lyon, 26, 27 et 28 juin 2014, p. 7.

fragilisation des acquis du nouveau constitutionnalisme africain, manifeste par tendance abusive des majorités parlementaires à museler l'opposition, l'empêchant ainsi de réaliser sa fonction constitutionnelle de contre- pouvoir, que plusieurs voix autorisées[212] se sont levées pour réclamer un statut juridique de l'opposition politique, à l'instar des réformes introduites par le président Nicolas Sarkozy au travers de la loi constitutionnelle du 23 juillet 2008[213]. Selon le professeur El Hadj Mboj[214], cet appel trouve sa quintessence dans le besoin pressant d'approfondir dans la démocratie et de renforcer la capacité d'action des acteurs du jeu politique à travers la définition d'un cadre juridique et politique déterminant les droits et devoirs respectifs de la majorité et de l'opposition, en même temps que l'allocation équitable des ressources publiques aux partis politiques. Il s'agit donc d'octroyer les moyens et les ressources pour que l'opposition politique porte son message au peuple et conquérir ses suffrages à l'occasion d'élections pluralistes transparentes, loyales et sincères.

La garantie de la protection juridique et l'institutionnalisation du rôle de l'opposition politique et parlementaire sont donc nécessaires dans les pays où les traditions démocratiques et parlementaires ne sont pas encore parfaitement établies et cimentées. Ayant assimilé

---

[212] Voir par exemple la conférence sur « Le bilan de la démocratisation en Afrique », organisée à Libreville par l'Assemblée internationale des Parlementaires de Langue française (AIPLF) (*Revue Parlements et Francophonie*, n° 106). Voir aussi Union parlementaire : « Statut type de l'opposition au Parlement », séminaire parlementaire sur les relations entre partis majoritaires et minoritaires dans les Parlements africains, Libreville, 17-19 mai 1999.

[213] Voir les articles 51. & 1 et 48. & 1 de la loi constitutionnelle du 23 juillet 2008 de modernisation des institutions de la Ve République publiée au Journal officiel du 24 juillet 2008.

[214] E. H. Mboj, « Les garanties et éventuels statuts de l'opposition en Afrique », *Actes de la quatrième réunion préparatoire au symposium international de Bamako « la vie politique »*, mai 2000.

la donne selon laquelle l'opposition est une articulation essentielle de la démocratie et, par ce fait, investie d'une véritable mission de contre-pouvoir politique, plusieurs pays d'Afrique francophones ont adopté un statut juridique de l'opposition, en vue de faire participer celle-ci à la prise de décision majoritaire et de tempérer le principe de proportionnalité qui régit le fonctionnement des assemblées parlementaires[215]. Cependant, une analyse minutieuse et comparée du degré de protection juridique révèle des disparités inquiétantes mettant en cause la qualité même de la protection octroyée. En effet, dans le contexte africain, les droits reconnus à l'opposition parlementaire sont éparpillés, selon les pays, à différents niveaux de la pyramide de Kelsen. Comme règle générale, ces normes se retrouvent dans les règlements intérieurs des assemblées parlementaires, qui ont rang de lois organiques, puisque la majorité des textes fondamentaux africains ne prévoit pas des droits constitutionnels pour l'opposition. Sans douter de l'importance indéniable de la force juridique des règlements intérieurs des assemblées, celles-ci ayant valeur de lois organiques, cette protection n'est pas à l'abri d'un tripatouillage de la majorité parlementaire. Toutefois, on

---

[215] Au Burkina Faso, le statut de chef de file de l'opposition a été adopté dès 2000.
Au Mali, la loi sur le statut de l'opposition a été adoptée par l'Assemblée nationale le 19 février 2015. Soumaïla Cissé avait été confirmé chef de l'opposition politique.
La Guinée a elle aussi institutionnalisé le statut de chef de file de l'opposition par la loi 036 de l'Assemblée nationale. Cellou Dalein Diallo avait été nommé chef de file de l'opposition.
Au Niger, une loi encadrant le statut de l'opposition existe depuis les années 2000. Renforcée après la chute du président Mamadou Tandja, sa nouvelle version a été promulguée en 2011. Seyni Oumarou, ancien Premier ministre, avait été nommé chef de file de l'opposition.
Dans certains pays comme le Togo (2013), le Bénin (2002), la RD Congo (2007), des textes existent, mais les décrets d'application n'ont pas encore été publiés, et partant, les partis de l'opposition n'ont pas encore coopté un chef de file.

enregistre deux exceptions à cette règle générale : les constitutions du Sénégal[216] et de la RD Congo[217] sont les seules qui ont élevé au rang constitutionnel les droits de l'opposition.

En outre, il faut signaler que l'évolution normative en matière de protection de l'opposition politique reste marquée, dans bien nombre des États africains, par la tendance à la prolifération des lois spécifiques relatives au statut de l'opposition pour juridiciser les droits et les devoirs de l'opposition parlementaire. Une telle démarche, affirme Manangou, d'ailleurs encouragée par une certaine doctrine africaniste, laisse d'une certaine manière à la majorité le soin d'accorder à l'opposition des droits[218]. En plus, ces statuts juridiques déclinent un statut officiel de « chef de file de l'opposition », bien connu dans la tradition politique anglo-saxonne, souvent incarné par le leader du parti d'opposition ayant le plus de sièges à l'Assemblée nationale. Ce statut encadre juridiquement les droits et les devoirs du chef de l'opposition politique et énumère les privilèges matériels et fonctionnels reconnus. Ce dernier reçoit des fonds de fonctionnement prélevés sur le budget national, et occupe une place de choix dans le protocole d'État. Il est également censé avoir un accès libre et équitable aux médias. La création de ce statut « d'opposant officiel » a toujours été au cœur d'une grande controverse en Afrique. Certaines voix critiques considèrent

[216] Le préambule de la Constitution du Sénégal reconnaît l'opposition comme « un pilier fondamental de la démocratie et un rouage indispensable au bon fonctionnement du mécanisme démocratique ». De même, l'article 58 du titre V consacré à l'opposition reconnaît le droit de l'opposition de s'opposer à l'action gouvernementale.

[217] L'article 8 de la Constitution de la République démocratique du Congo reconnaît constitutionnellement l'opposition politique.

[218] V.R. Manangou, « Contre-pouvoirs, tiers pouvoirs et démocratie en Afrique », *Association française de droit constitutionnel,* Congrès de Lyon, 26, 27 et 28 juin 2014, Atelier D. : Constitution, pouvoirs et contre-pouvoirs.

l'institutionnalisation de ce statut comme un outil de contrôle et d'instrumentalisation supplémentaire dans certains régimes autoritaires.

5.4 Une crise des contre-pouvoirs juridictionnels : les malheurs des juridictions constitutionnelles apprivoisées

Parmi les nouvelles articulations institutionnelles du néoconstitutionnalisme africain, la reconfiguration des nouveaux régimes de contrôle juridictionnel du pouvoir politique devait parfaire la qualité finale de l'ingénierie constitutionnelle du nouvel ordre démocratique instauré, par la consécration des cours et conseils constitutionnels autonomes. La pertinence des dispositions constitutionnelles relatives à ce contre-pouvoir a donné lieu à de nombreuses études qui se sont focalisées sur l'évolution institutionnelle de ces juridictions[219] et leur jurisprudence[220]. Elles se sont penchées à analyser dans une perspective comparative les différences et les similitudes portant sur leur charpente institutionnelle, les mécanismes tendant à assurer leur indépendance, leur composition, leur compétence, le droit de saisine, l'autorité de leurs décisions et enfin les limites de leurs attributions en tant que gardiennes de la constitution.

Dans cette nouvelle reconfiguration, les juridictions constitutionnelles établies par l'élan néoconstitutionnaliste ont innové dans bien plus de domaines. Il est indéniable qu'à travers le contrôle de constitutionnalité des normes,

---

[219] M. Böckenförde et coll. (2016), *Les juridictions constitutionnelles en Afrique de l'Ouest. Analyse comparée*, IDEA International, Stockholm, 2016.

[220] Par exemple, Association béninoise de droit constitutionnel – centre de droit constitutionnel (2014), *Annuaire béninois de justice constitutionnelle* (ABJC), dossier spécial 21 ans de jurisprudence de la Cour constitutionnelle du Bénin (1991-2012), Presses universitaires du Bénin.

le juge constitutionnel occupe une place centrale, dominante, et surtout structurante du dispositif constitutionnel, lui permettant d'œuvrer à la pacification du débat public, en empêchant le pouvoir majoritaire de sortir des limites constitutionnelles et de faire en sorte que la politique soit saisie par le droit[221]. Mais il est tout aussi fondamental de convenir que les Cours constitutionnelles africaines assurent un certain nombre d'autres contentieux constitutionnels complémentaires, mais non moins essentiels, qui entrent dans les catégories définies par Louis Favoreu[222] : le contentieux des élections et des consultations populaires, le contentieux de la division horizontale et verticale des pouvoirs, et le contentieux des droits et libertés fondamentaux[223].

Parmi les innovations les plus décisives de la justice constitutionnelle en Afrique noire figurent aussi la multiplication des acteurs bénéficiant d'un droit de recours (*locus standi*), par voie d'exception et le droit d'action directe de l'individu devant la juridiction constitutionnelle. En guise d'exemple, les articles 3 et 122 de la Constitution béninoise habilitent tout citoyen, *in abstracto*, c'est-à-dire en dehors de tout conflit, à saisir le juge constitutionnel. Cette même constitution reconnaît à la Cour constitutionnelle le pouvoir d'auto saisine[224], c'est-à-dire la faculté de se saisir d'une question, même en l'absence de recours de la part d'un requérant[225]. En outre, plusieurs mécanismes

---

221 Organisation internationale de la francophonie, *Rapport sur l'état des pratiques de la démocratie, des droits et des libertés 2016 – Dynamiques constitutionnelles dans l'espace francophone*, p. 19.

222 L. Favoreu, *Droit constitutionnel*, Dalloz, 5e éd., 2002.

223 M. M. Mborantsuo, *La contribution des Cours constitutionnelles à l'État de droit en Afrique*, Economica, Paris, 2007.

224 L'article 122 dispose : « Elle – la Cour – se prononce d'office sur la constitutionnalité des lois et de tout texte règlementaire censés porter atteinte aux droits fondamentaux de la personne humaine et aux libertés publiques. »

225 Des dispositions analogues figurent dans les Constitutions du Burundi (article 153 de la Constitution du 13 mars 1992), de la République

de sauvegarde pour garantir leur indépendance de toute influence extérieure ont été établis. Enfin, les dispositions constitutionnelles reconnaissent l'autorité *erga omnes* des arrêts de la Cour. Elles s'imposent à l'ensemble du système politique sans exception, garantissant ainsi le principe d'égalité devant la loi.

Toutefois, concomitamment à ces innovations sur le plan formel et textuel de l'ingénierie constitutionnelle du néoconstitutionnalisme aux fins de garantir et de réaffirmer l'indépendance de la juridiction constitutionnelle et de ses composantes, force est de constater des résistances traditionnelles au principe constitutionnel de la séparation des pouvoirs dans les États africains[226]. Arbitre juridictionnel et contre-pouvoir institutionnel, le juge constitutionnel africain francophone présente une personnalité à double visage selon le contexte juridico-politique en vigueur, mais aussi selon l'État considéré. À cet égard, pris entre le marteau de la politique et l'enclume du droit, le juge constitutionnel se présente parfois comme un instrument à la solde du pouvoir en place, comme un valet, voire un serviteur d'une autorité politique, mais parfois aussi il est qualifié d'acteur ou d'artisan de la démocratie dans la mesure où, par une certaine jurisprudence audacieuse, il contribue à donner réalité et contenu à l'État de droit et à garantir le respect de l'agencement institutionnel de l'État[227]. Ce paradoxe et cette ambivalence sont percep-

démocratique du Congo (148 de la Constitution du 15 mars 1992) et du Gabon (article 85 de la Constitution 26 mars 1992). Ailleurs, notamment au Sénégal (article 82 de la Constitution du 7 mars 1963 révisée le 2 mars 1998), à Djibouti (article 80 de la Constitution du 15 septembre 1992), au Niger (article 95 de la Constitution du 12 mai 1996).

[226] A. H. Diompy, « Les dynamiques récentes de la justice constitutionnelle en Afrique », *Afrilex – Revue d'étude et de recherche sur le droit et l'administration dans les pays d'Afrique,* Université Montesquieu – Bordeaux IV, février 2014, p. 17.

[227] *Idem.*

tibles à l'analyse du cours de l'actualité politique africaine de ces dernières années, émaillées de tristes événements dans lesquels la juridiction constitutionnelle est mise à dures épreuves. À ce jour, le grand écueil à évincer pour renforcer la position et l'autorité de la justice constitutionnelle dans la hiérarchie des institutions de l'État reste, sans nul doute, son émancipation factuelle par rapport au pouvoir politique.

L'exigence d'une justice constitutionnelle impartiale et indépendante s'impose avec acuité et doit être recherchée. D'un point de vue technique, la dépendance institutionnelle et fonctionnelle du juge constitutionnel au pouvoir politique s'opère par dispositions constitutionnelles relatives aux modes de désignation des juges constitutionnels, lesquels modes font planer le doute sur leur capacité de neutralité politique, car elles induisent à une obligation d'allégeance, plaçant le juge constitutionnel en position de redevable envers le pouvoir politique. En effet, dans bon nombre de pays africains, les membres de la juridiction constitutionnelle sont nommés parfois par une seule autorité politique, en l'occurrence le président de la République[228], ou par une conjonction d'autorités politiques du pouvoir exécutif et du pouvoir législatif[229]. Le lien politique de dépendance qui s'en déduit fait du juge constitutionnel un appendice du président de la République ou de la majorité parlementaire. Les conséquences prévisibles de cet apprivoisement sont l'autocensure[230] ou

[228] C'est par exemple le cas au Sénégal, conformément à l'article 89 de la Constitution du 22 janvier 2001.

[229] Comme en République démocratique du Congo, art. 158 de la Constitution du 18 février 2006 ; voir aussi les art. 89 de la Constitution du 26 mars 1991 du Gabon ; art. 89 de la constitution ivoirienne du 1er août 2000. C'est le cas aussi au Bénin, au Burkina, au Cameroun, au Congo Brazzaville, à Madagascar, au Mali, au Gabon, au Niger et au Togo.

[230] Voir les développements de M. M. Aïdara : « Le juge constitutionnel africain et le contrôle des lois portant révision de la constitution : contribution

l'anéantissement de l'effectivité du droit de contestation de l'opposition politique.

Certes, le choix des juges constitutionnels par des instances politiques ou encore judiciaires n'est pas une spécificité africaine. En revanche, l'Afrique se démarque par une absence de mécanismes permettant d'atténuer le risque d'une politisation des nominations. Cette réalité conduit à une politisation structurelle de la justice constitutionnelle africaine. L'absence de maturité démocratique des acteurs politiques en Afrique plaiderait pour davantage de contrôle dans le processus de nomination des juges constitutionnels, et aussi, est-il impérieux de concevoir des mécanismes qui éloignent les juges constitutionnels de toute influence de l'autorité de désignation. Pour toutes ces raisons évoquées, l'inamovibilité dans le contexte africain ne constitue guère une garantie suffisante d'indépendance du juge constitutionnel. Une meilleure protection du juge constitutionnel africain à l'égard du pouvoir politique résulterait d'une garantie d'irrévocabilité doublant la garantie d'inamovibilité. Ainsi, l'irrévocabilité

à un débat », *Afrilex – Revue d'étude et de recherche sur le droit et l'administration dans les pays d'Afrique*, Université Montesquieu – Bordeaux IV, décembre 2011. Voir aussi dans ce sens Organisation internationale de la Francophonie (OIF), « Rapport sur l'état des pratiques de la démocratie... », *op. cit.*, p. 24.

C'est par exemple le cas de la jurisprudence de la Cour constitutionnelle à propos de sa compétence à contrôler une loi portant révision constitutionnelle. Chaque fois qu'elle est saisie, elle réitère que « l'alinéa premier de l'article 92 de la constitution et l'article premier de la loi organique n° 92-23 du 30 mai 1992 (modifiée en 1999 et en 2007 sur le Conseil constitutionnel) donnent compétence au Conseil constitutionnel pour connaître de la constitutionnalité des lois et des lois organiques ; que le Conseil constitutionnel ne tient ni de ces textes ni d'aucune autre disposition de la constitution et de la loi organique le pouvoir de statuer sur une révision constitutionnelle ; qu'il (en) résulte que le Conseil constitutionnel n'a pas compétence pour statuer sur la demande aux fins d'appréciation de la conformité à la constitution de la loi portant révision de la constitution » (décision n° 44/98 du 9 octobre 1998) [affaire n° 9/C/98].

Décision n° 77/01 du 2 janvier 2001 [affaire n° 6/C/2000].

de la juridiction constitutionnelle, dans son ensemble comme dans ses composantes individuelles, serait opposable aux pouvoirs publics, en l'occurrence aux autorités de nomination[231]. La logique de politisation structurelle et d'instrumentalisation de la justice constitutionnelle se matérialise aussi dans les fâcheuses expériences, au travers desquelles, très souvent, le juge constitutionnel délibère dans le sens des options politiques du pouvoir en place. Au cas échéant, le pouvoir politique peut aller même jusqu'à remettre en cause la valeur de la décision de la Haute juridiction et faire plier ce dernier à sa volonté[232].

Malgré tout ce qui précède, il y a lieu d'insister sur le fait que le juge constitutionnel africain gagne progressivement en légitimité et en crédibilité eu égard à la force du droit qui découle depuis récemment de ses décisions et, par conséquent, le place comme un acteur décisif et incontournable du jeu politique et démocratique africain.

---

[231] A. H. Diompy, *Les dynamiques récentes…*, *op. cit.*, p. 18.

[232] On se souviendra, dans le cas de la Côte d'Ivoire, deux décisions contradictoires du Conseil constitutionnel : Décision n° CI-2010-EP-34/03-12/CC/SG portant proclamation des résultats définitifs de l'élection présidentielle du 28 novembre 2010, 3 décembre 2010 et la Décision n° CI-2011-EP-036/04-05/CC/SG portant proclamation de monsieur Alassane Ouattara en qualité de président de la République de Côte d'Ivoire, 4 mai 2011, après la victoire militaire des forces pro Ouattara sur celles de Laurent Gbagbo. C'est aussi le cas de la décision du Conseil constitutionnel sénégalais, validant la candidature d'Abdoulaye Wade à l'élection présidentielle du 26 février 2012 ou du Conseil constitutionnel du Burkina Faso. Plus encore, voir la Décision du 14 octobre 2005, Contestation de la candidature de Blaise Compaoré à l'élection présidentielle du 13 novembre 2005.

CONCLUSIONS

La vie constitutionnelle en Afrique noire avait expérimenté un point d'inflexion décisif à la fin des années 1980 et au début des années 1990, à la suite d'un processus de transition politique, marquant la fin d'un constitutionnalisme autoritaire et rédhibitoire. Ce processus démocratique, ayant révélé des rapports de forces politiques situées[233], avait jeté les jalons d'une « nouvelle idée » de la constitution en Afrique noire et d'un État de droit, démocratique et libéral. Les constitutions issues de ce regain démocratique avaient mis en chantier un processus irréversible qui circonscrit le pouvoir politique dans les limites du droit et ordonne une logique de construction des sociétés politiques véritablement démocratiques, en rupture avec les systèmes constitutionnels autoritaires et dictatoriaux des décennies passées. Elles ont consacré le phénomène pluraliste et affirmé de grands principes de liberté et de droits de l'homme. Dans ce sens, l'Afrique s'est alignée à la pensée constitutionnelle universelle et contribue au « patrimoine constitutionnel commun des sociétés politiques ». Le néoconstitutionnalisme africain participe, de ce fait, au projet de construction de l'État de droit et de la démocratie par la constitution, véhiculant la

[233] J. L. Seurin (1984), « Des fonctions politiques des constitutions. Pour une théorie politique des constitutions », dans J. L. Seurin (dir.), *Le constitutionnalisme aujourd'hui*, Economica, Paris, pp. 35-53.

promotion des principes et des valeurs d'une société libre, juste et plurale.

Sous l'angle de l'aménagement du pouvoir, ces nouvelles constitutions se sont dépouillées de leur dimension prétendument « africaniste », puisqu'elles « marquent plus ou moins l'existence d'une culture juridico-politique universelle transcendant les particularismes et relativisant l'existence d'une irréductibilité africaine »[234]. Elles s'emploient à restaurer la séparation et l'équilibre des pouvoirs étatiques, à privilégier des « techniques de liberté » sur les « techniques d'autorité »[235], juridiciser le débat politique et enfin encadrer juridiquement le pouvoir et l'exercice démocratique.

Cependant, l'essor du constitutionnalisme en Afrique noire est chargé de paradoxes. Les vicissitudes du cheminement de ce « mouvement constitutionnel en marche » dans les pays francophones d'Afrique noire, suscitent des questions sur le devenir de ce renouveau constitutionnel devenu un « élément important de la vie politique en Afrique, qu'on ne peut plus négliger »[236]. Des dérapages et déviations inquiétantes qui ont marqué la sphère constitutionnelle en Afrique noire peuvent suggérer une régression évidente, remettant sur la sellette l'épineuse controverse de l'ancrage social, politique et juridique du constitutionnalisme en Afrique noire[237]. Cependant, au-delà de ces

---

[234] L. Sindjouin (1997), « La formation du patrimoine constitutionnel des sociétés politiques : éléments pour une théorie de la civilisation politique internationale », *Séries de monographies du CODESRIA*, 2/97.

[235] I. Madior Fall (2008), *Le pouvoir exécutif dans le constitutionnalisme des États d'Afrique,* Paris : L'Harmattan, pp. 22-23.

[236] J. D. B. de Gaudusson (1997), « Les solutions constitutionnelles des conflits politiques », *Afrique contemporaine,* numéro spécial, 4e trimestre, p. 252.

[237] K. Tshitshi Ndouba (2018), « Les limites du néoconstitutionnalisme africain : réflexions sur les distorsions constitutionnelles dans les États francophones d'Afrique noire », *Revista general de derecho publico comparado,* n° 23, juin.

inquiétudes légitimes, on dénote çà et là des avancées notables dans l'encadrement juridique du pouvoir politique[238]. À ce jour, l'Afrique s'est résolument engagée dans la voie de la démocratie, malgré quelques insuccès non moins déplorables.

En outre, les ruptures et les continuités de ce nouveau droit constitutionnel « en mouvement » dans les pays d'Afrique noire, fournissent des éléments théoriques d'une portée non négligeable à partir de l'explication et de la corrélation des étapes et des composantes de cette production constitutionnelle *post transition*, par rapport aux constitutions « originelles », fondatrices des nouveaux régimes africains. Ces éléments rassemblés donnent l'ampleur de la maîtrise d'une ingénierie constitutionnelle qui s'est développée en Afrique noire pour contextualiser l'exercice du pouvoir politique sans remettre en cause le large consensus sur les modes démocratiques de dévolution et d'exercice. Ces cycles constitutionnels récurrents qui vont « des acquis au rejet des acquis pour revenir aux acquis » invitent à porter un autre regard et à interpréter autrement les distorsions des ordres constitutionnels évoquées dans cet ouvrage. Au-delà des clichés simplistes d'une dénaturalisation ou déprédation des principes constitutionnels libéraux, il conviendrait de replacer ces anormalités constitutionnelles dans le contexte d'une quête de la consolidation des acquis démocratiques de la transition des années 1990.

En effet, certaines contingences liées à la sortie de l'autoritarisme, particulièrement les contraintes structurelles accumulées, les capacités stratégiques des acteurs politiques ainsi que le degré de la maturité citoyenne de la société civile, peuvent renforcer, perturber ou inverser les

---

[238] B. Guèye (2009), « La démocratie en Afrique : succès et résistances », *Pouvoirs*, n° 129, avril 2009, pp. 5-26.

résultats des équilibres des pouvoirs reconfigurés par la transition[239]. De ce point de vue, ces manifestations de crises sont tributaires de la « constitution réelle » des sociétés politiques africaines. Elles sont une projection de la résultante des rapports tendus et des aspirations divergentes entre les différentes composantes politiques, sociales et économiques qui concourent dans le processus politique au sein des États africains. Il s'agit tout autant des composantes structurelles que conjoncturelles, juridiques que métajuridiques des sociétés africaines contemporaines. Le degré de structuration de ces « forces nationales », ou encore le niveau d'institutionnalisation des échanges politiques sont des variables explicatives d'une portée non négligeable dans l'analyse du phénomène des distorsions des ordres constitutionnels en Afrique noire francophone. Ainsi, ces symptômes de crises reflètent l'épuisement des équilibres nés des « constitutions *d'urgence* », lesquels équilibres aménageaient, dans la foulée de l'effervescence des revendications démocratiques des « forces vives de la Nation » des années 1990, des architectures institutionnelles plus originales, mais dont le dessein fondamental consistait à garantir la rupture définitive avec l'ordre autoritaire ancien, pointé d'être à l'origine de la faillite sociale, politique, économique et même culturelle de l'État.

Ces énoncés sur la problématique en rapport avec les contingences de sortie de l'autoritarisme induisent à saisir ces distorsions sous un prisme de « recomposition technique », d'un nouvel assemblage émergent qui s'inscrit dans un processus de transition d'un constitutionnalisme de sortie de crise ou de création d'un nouvel ordre constitutionnel vers un constitutionnalisme de consolidation du

[239] M. Gazibo (2005), *Les paradoxes de la démocratisation en Afrique. Analyse institutionnelle et stratégique*, Montréal : Presses universitaires de Montréal, p. 23.

nouvel ordre constitutionnel démocratique. Ce qui argue d'interpréter ces anormalités comme des phénomènes transitoires dans un processus engagé des systèmes constitutionnels africains, vers plus de stabilité et d'effectivité, appelant à des aménagements et accommodements nouveaux.

Bien plus, ces distorsions peuvent être comprises comme les limites du « constitutionnalisme libéral » en Afrique et posent la question de l'ancrage social, politique et juridique de l'idée et de l'ensemble des pratiques libérales autour de la constitution. Cependant, l'analyse des évolutions institutionnelles qui remettent en question ce « constitutionnalisme de *précaution* », « de sortie de crise » ou de « nouvel ordre constitutionnel », pointe des modalités conceptuelles, théoriques et pratiques de création et de développement d'un constitutionnalisme authentiquement africain, qui serait un constitutionnalisme réhabilité dans son africanité, et partant, contextualisé.

En même temps, il convient de noter que ces amendements au « constitutionnalisme de sortie de crise » s'effectuent avec une maîtrise de l'ingénierie constitutionnelle de la part des nouveaux constituants dérivés africains. Les éléments de ce *constitutional engineering* ont été diversement dosés selon les pays, pour répondre aux attentes et aspirations des nouvelles forces politiques en présence. Des articulations nouvelles et pragmatiques pour l'exercice du pouvoir politique ont été élaborées.

La refabrication des « constitutions originelles » dévoile l'impératif de promouvoir une « pensée constitutionnelle africaine », qui au-delà de l'alignement à la pensée constitutionnelle universelle, intègre des dimensions « endogènes » sociales, culturelles, politiques et psychologiques africaines, qui soient à même de légitimer de nouveaux modes, de nouveaux espaces et de nouvelles formes d'exercice du pouvoir politique. La nouvelle ingénierie du néoconstitutionnalisme africain se doit d'explorer les voies et moyens de prendre en compte et de contextualiser des « données identitaires » et des composantes sociologiques existantes, comme l'ethnie et la religion dans les nouvelles articulations du pouvoir politique en Afrique.

Il s'agit d'aller au-delà des tabous hypocritement occultés et de concevoir des formules plus originales d'organisation des pouvoirs publics, de gestion des États afin de mettre en place des innovations inspirées par les spécificités « nationales », produit de l'évaluation critique des héritages institutionnels et fondés sur les nouvelles aspirations populaires qui s'expriment, de plus en plus, au travers d'une forte mobilisation des tiers pouvoirs et de la rue. Cette nouvelle forme de mobilisation sociale se transforme, pour tout dire, en une variable positive émergente pour la consolidation des acquis démocratiques, et émerge en Afrique, car la « rue » en vient à s'affermir comme un contre-pouvoir politique non institutionnalisé, mais d'une efficacité redoutable. L'Afrique est ainsi le théâtre d'un nouveau phénomène du rapport au politique : les incursions dans l'arène politique des acteurs venus par « le bas », avec de nouvelles méthodes de mobilisation citoyenne. Il s'agit d'un contrôle politique des acteurs périphériques et non politiques sur le centre politique.

BIBLIOGRAPHIE

Aïdara, M. M. (2011), « Le juge constitutionnel africain et le contrôle des lois portant révision de la constitution : contribution à un débat », *Afrilex, Revue d'étude et de recherche sur le droit et l'administration dans les pays d'Afrique*, Université Montesquieu – Bordeaux IV, décembre 2011.

Aïvo, F. J. (2012), « La crise de la constitution en Afrique », *Revue du droit public*, janvier-février 2012, pp. 141-180.

Atangana Amougou J. L. (2007), « Les révisions constitutionnelles dans le nouveau constitutionnalisme africain », *Politeia*, n° 7, printemps 2007, pp. 583-623.

Atangana-Amougou J. L. (2006), « Rigidité et instabilité constitutionnelle dans le nouveau constitutionnalisme africain », *Afrique juridique et politique*, vol. 2, n° 2, juillet-décembre 2006, pp. 42-87.

Bah, A. B. (2010), « Democracy and civil war: citizenship and peacemaking in Côte d'Ivoire », *African Affairs*, 109/437, 2010, pp. 597-615.

Bayart J. F. (1991), « La problématique de la démocratie en Afrique noire : La Baule, et puis après ? », *Politique africaine*, n° 43, octobre 1991.

G. Bercovici (2011), « La constitution dirigeante et la crise de la théorie de la constitution », *Buletin Stiintific – Scientific Bulletin*, Romenia, v. 20, 2011, pp. 1-33.

Besse M. (2006), « La Conférence nationale souveraine, un pouvoir constituant original », *Association française de droit constitutionnel.*
http://www.droitconstitutionnel.org/congresparis/comc3/besse txt.pdf

Böckenförde M. et coll. (2016), *Les juridictions constitutionnelles en Afrique de l'Ouest. Analyse comparée*, IDEA International, Stockholm, 2016.

Bolle S. (2001), « La conditionnalité démocratique dans la politique africaine de la France », *Revue d'étude et de recherche sur le droit et l'administration dans les pays d'Afrique,* Université Montesquieu – Bordeaux IV, n° 2 : septembre 2001.

- (2008) « Quelle Constitution du 4 octobre 1958 les Africains copient-ils ? », publié le 23 août 2008. http://www.la-constitution-en-afrique.org/article-22182735.html
- (2005) « Des constitutions made in Afrique », *Communication au VIe congrès de droit constitutionnel*, Montpellier, 9,10 et 11 juin 2005. http://www.la-constitution-en-afrique.org/article-12645642.html

Bourdillon Y. (2018), « Présidentielle presque normale au Mali », *Les Échos*, Paris, 31 juillet 2018 : 5.

Bourgi A. (2002), « L'évolution du constitutionnalisme en Afrique : du formalisme à l'effectivité », *Revue française de droit constitutionnel*, vol. 52, n° 4, 2002, pp. 721-748.

Bourgi A. (2002), « L'évolution du constitutionnalisme en Afrique : du formalisme à l'effectivité », *Revue française de droit constitutionnel* 2002/4 (n° 52), pp. 721-748.

Brack N. et Weinblum S. (2011), « Pour une approche renouvelée de l'opposition politique », *Revue interna-*

tionale de politique comparée, vol. 18, 2011/2, pp. 13-27.

Breton J. M. (2002), « Trente ans de constitutionnalisme d'importation dans les pays d'Afrique noire francophone entre mimétismes et réception critique : cohérences et incohérences (1960-1990) », communication présentée à Heidelberg, en octobre 2002, devant la *Gesellschat für Afrikanisches Recht*, de l'Université de Bayreuth, RFA.

Brunet P. (2005), « Norberto Bobbio et le positivisme juridique », dans P. Comanducci et R. Guastini R (éd.), *Analisi & Diritto*, Giappichelli, 2005, pp. 159-170.

Buijtenhuijs R. (1993), *La Conférence nationale souveraine du Tchad. Un essai d'histoire immédiate*, Paris : Karthala.

Buijtenhuijs R. (1998), *Transition et élections au Tchad, 1993-1997*, Paris, ASC – Karthala, 1998.

Cabanis A. & Martin M. L. (2010), *Le constitutionnalisme de la troisième vague en Afrique francophone*, Bruylant-Academia, 2010.

CERDES (1998), *Le processus démocratique malien de 1960 à nos jours,* Bamako : Éditions Donniya.

Chena S. et Tisseron A. (2013), « Rupture d'équilibre au Mali », *Afrique contemporaine*, 5 juin 2013, vol. n° 245 (1), pp. 71-84.

Conac G. (dir.) (1979), *Les institutions politiques des États francophones d'Afrique noire*, Economica, Paris.

- (1990), « Le processus de démocratisation en Afrique », dans Conac G. (dir.), *L'Afrique en transition vers le pluralisme politique*, Paris : Economica, pp. 11-41.
- (1993), « Le processus de démocratisation en Afrique », dans Conac G. (dir.), *L'Afrique en transition vers le pluralisme politique*, Paris : Economica.

- (2000), « Quelques réflexions sur le nouveau constitutionnalisme africain », *Actes du symposium international de Bamako*, novembre 2000.
- (dir.) (1979), Les institutions administratives des États francophones d'Afrique noire, Economica, Paris, 1979.

De Gaudusson J. D. B. (1997), « Les solutions constitutionnelles des conflits politiques », *Afrique contemporaine,* numéro spécial, 4e trimestre, p. 252.

Diallo I. (2015), « Pour un examen minutieux de la question des révisions de la constitution dans les états africains francophones », *Revue d'étude et de recherche sur le droit et l'administration dans les pays d'Afrique – Afrilex*, Université Montesquieu – Bordeaux IV, mars 2015.

Diallo M. (2011), « Penser la démocratie au-delà des élections », *Éthique publique* [en ligne], vol. 13, n° 2 | 2011, mis en ligne le 23 octobre 2012, consulté le 4 juin 2018. URL : http://journals.openedition.org/ethiquepublique/782 DOI : 10,400 0/ethiquepublique.78

Diarra A. (2010), *Démocratie et droit constitutionnel dans les pays francophones d'Afrique noire. Le cas du Mali depuis 1960*, Paris : Karthala, p. 148.

Diarrah O. (1991), *Vers la IIIe République du Mali*, Paris : L'Harmattan, 1991.

Diompy A. H. (2014), « Les dynamiques récentes de la justice constitutionnelle en Afrique », *Afrilex – Revue d'étude et de recherche sur le droit et l'administration dans les pays d'Afrique,* Université Montesquieu – Bordeaux IV, février 2014, p. 17.

Dosso K. (2012), « Les pratiques constitutionnelles dans les pays d'Afrique noire francophone : cohérences et incohérences », *Revue française de droit constitutionnel* (n° 90), 2012/2, pp. 57-85.

Dossou R. (2014), « Flux et reflux dans le nouveau constitutionnalisme africain », *Revue du Conseil constitutionnel*, n° 4 – 2014, pp. 327-396.

Eboussi-Boulaga F. (1993), *Les conférences nationales en Afrique noire : une affaire à suivre*, Paris : Karthala.

Fall I. (1993), « Esquisse d'une théorie de la transition. Du monopartisme au multipartisme en Afrique », dans G. Conac (dir.), *L'Afrique en transition vers le pluralisme politique*, Paris : Economica, pp. 43-55.

Fall I. M. (2012), *Les révisions constitutionnelles au Sénégal. Révisions consolidantes et révisions déconsolidantes de la démocratie sénégalaise*, Dakar, CREDILA, 2012.

Fall M. (2008), *Le pouvoir exécutif dans le constitutionnalisme des États d'Afrique,* Paris : L'Harmattan.

Fall M. et coll. (2011), *Organes de gestion des élections en Afrique de l'Ouest. Une étude comparative de la contribution des commissions électorales au renforcement de la démocratie*, Open Society foundations, Dakar, 2011.

Favoreu L. (2002), *Droit constitutionnel*, Dalloz, 5e éd., 2002.

Faye S. (2014), *Élections et instabilités politiques en Afrique de l'Ouest*, 2014.

Gazibo M. (2005), *Les paradoxes de la démocratisation en Afrique. Analyse institutionnelle et stratégique*, Montréal : Presses universitaires de Montréal, p. 23.

Gbeou-Kpayile N. G. (2017), « L'idée de constitution en Afrique noire francophone », *Revue d'étude et de recherche sur le droit et l'administration dans les pays d'Afrique*, Université Montesquieu – Bordeaux IV, publié en mai 2017.

Guèye B. (2009), « La démocratie en Afrique : succès et résistances », *Pouvoirs* n° 129 – avril 2009, pp. 5-26.

Hourquebie F. (2012), « Quel statut constitutionnel pour le chef de l'État africain ? Entre principes théoriques et pratiques du pouvoir », *Afrique contemporaine* 2012/2 (n° 242), pp. 73-86.

- (2014), « Néoconstitutionnalisme et contenu des constitutions de transition : quelle marge de manœuvre pour les constitutions de transition ? », *Annuaire international de justice constitutionnelle*, 30-2014, 2015. Juges constitutionnels et doctrine – Constitutions et transitions, pp. 587-602.
- (2018), « Le sens d'une constitution vu de l'Afrique », *Les cahiers du Conseil constitutionnel*, n° 1, septembre 2018.

  http://classiques.uqac.ca/contemporains/Faye_Saliou/elections_instabilites_Afrique_ouest/elections.html

Huntington S. (1991), *The Third Wave: Democratization in the Late Twentieth Century*, Norman, University of Oklahoma Press.

Kamto M. (1987), *Pouvoir et droit en Afrique noire. Essai sur les fondements du constitutionnalisme dans les États d'Afrique noire francophone*, Paris : LGDJ.

Kazadi Mpiana J. (2012), « L'Union africaine face à la gestion des conflits. Cas des changements anticonstitutionnels de gouvernement », *Revue québécoise de droit international*, 25,2 (2012), pp. 102-141.

Kodjo E. (1990), « Environnement international et État de Droit. Le cas de l'Afrique », dans Conac G. (dir.), *L'Afrique en transition vers le pluralisme politique*, Paris : Economica, pp. 83-89.

Kpodar A. (2013), « Bilan sur un demi-siècle de constitutionnalisme en Afrique noire francophone », *Revue d'étude et de recherche sur le droit et l'administration dans les pays d'Afrique*, Université Montesquieu – Bordeaux IV, janvier 2013.

Lassalle F. (1995), *¿Qué es la constitución?*, Panamericana, Bogotá, 1995.

Lavroff D.G. (1976), *Les systèmes constitutionnels en Afrique noire. Les États francophones*, Éditions Pedone, Paris.

Madior F. (2008), *Le pouvoir exécutif dans le constitutionnalisme des États d'Afrique*, Paris : L'Harmattan, p. 22.

Mambo P. (2012), « Les rapports entre la constitution et les accords politiques dans les États africains. Réflexion sur la légalité constitutionnelle en période de crise », *McGill Law Journal*, 57 (4), 2012, pp. 921-952.

Managou V.R. (2014), « Contre-pouvoirs, tiers pouvoirs et démocratie en Afrique », *Association française de droit constitutionnel*, Congrès de Lyon, 26, 27 et 28 juin 2014, p. 7.

Mboj E. H. (2000), « Les garanties et éventuels statuts de l'opposition en Afrique », *Actes de la quatrième réunion préparatoire au symposium international de Bamako « la vie politique »*, mai 2000.

Mborantsuo M.M. (2007), *La contribution des Cours constitutionnelles à l'État de droit en Afrique,* Paris : Económica, Paris, 2007.

Morel Y. (1992), « Démocratisation en Afrique noire : les "conférences nationales" », *Études* 376 (6), juin 1992, pp. 733-743.

Mukonde Musulay P. (2016), *Démocratie électorale en Afrique subsaharienne. Entre droit, pouvoir et argent,* Globethics.net African Law n° 4, Université Godfrey Okoye Enugu/Nigéria, 2016.

Mutoy M. (2012), « Chronique de droit pénal de l'Union africaine. Vers une justice pénale régionale en Afrique », *Revue internationale de droit pénal*, 2012/3 (vol. 83), pp. 547-557

Nabli B. (2010), « L'opposition parlementaire : un contre-pouvoir politique saisi par le droit », *Pouvoirs* n° 133, 2010/2, pp. 125-141.

Nathanèl Kitti H. (2016), « La rue et la deuxième vague de révision de la constitution en Afrique francophone : ordre ou désordre », dans S. Traore, B. Camara et O. Devaux (dir.), *L'inversion sociale : un défi au droit et à l'ordre. Revue malienne des sciences juridiques, politiques et économiques de Bamako* (REMASJUPE), n° 2 – 2016, pp. 39-61.

Ndulo M. (2013), « L'interdiction des changements anti-constitutionnels de gouvernement », dans Abdulqawi A. Yusuf, Fatsah Ouguergouz (dir.), *L'Union africaine, cadre juridique et institutionnel. Manuel sur l'organisation panafricaine*, Pedone, Paris, 2013, pp. 223-243.

Norton P. (2008), « Making Sense of Opposition », *The Journal of Legislative Studies*, vol. 14, n° 1, 2008, pp. 236-250, R. A. Dahl (dir.), *Political Oppositions in Western Democracies*, New Haven, CT, Yale University Press, 1966.

Ondo T. (2014), « Réflexions sur les tendances (positives) du néoconstitutionnalisme africain : morceaux choisis », *Revue du Conseil constitutionnel*, n° 4, 2014, pp. 365-396.

Organisation internationale de la francophonie, *Rapport sur l'état des pratiques de la démocratie, des droits et des libertés 2016 – Dynamiques constitutionnelles dans l'espace francophone*.

Owen B. (2007), « Les fraudes électorales », *Pouvoirs*, n° 120, 2007/1, pp. 133-147.

Pagnou S. (2015), « Essai d'explication du déficit de garantie de la liberté politique au Togo », *Les Annales de droit*, n° 9, 2015, pp. 157-185.

Pierre-Caps S. (2015), *Droits constitutionnels étrangers*, Paris, PUF, 2e éd. 2015, pp. 191-192.

Seck Y. (2000), *Afrique : le spectre de l'échec*, Paris : L'Harmattan.

Seurin J. L. (1984), « Des fonctions politiques des constitutions. Pour une théorie politique des constitutions », dans J.L. Seurin (dir.), *Le constitutionnalisme aujourd'hui*, Economica, Paris, pp. 35-53.

Sindjouin L. (1997), « La formation du patrimoine constitutionnel des sociétés politiques : éléments pour une théorie de la civilisation politique internationale », *Séries de monographies du CODESRIA*, 2/97.

Sindjoun L. (1995), « Les nouvelles constitutions africaines et la politique internationale : contribution à une économie internationale des biens politico-constitutionnels », *Études internationales*, 26 (2), pp. 329-345.

Sindjoun L. (1998), *La formation du patrimoine constitutionnel commun des sociétés politiques. Éléments pour une théorie de la civilisation politique internationale*, Dakar : CODESRIA, 1998, 72 p.

Souaré I. K. (2017), *Les partis politiques de l'opposition en Afrique, la quête du pouvoir*, Presses universitaires de Montréal, Montréal, 2017, p. 126.

Stuart-Mill J. (1843), *Système de logique déductive et inductive. Exposé des principes de la preuve et des méthodes de recherche scientifique*. Traduction française réalisée par Louis Peisse à partir de la 6e édition anglaise de 1865. Paris : Librairie philosophique de Ladrange.

Sy O., Dakouo A. et Traore K. (2016), *Dialogue national au Mali. Leçons de la Conférence nationale de 1991 pour le processus de sortie de crise*, Berlin : Berghof Foundation.

Tchikaya B. (2008), « La charte africaine de la démocratie, des élections et de la gouvernance », *Annuaire français de droit international*, volume 54, 2008, pp. 515-528.

Thiriot C. (2002), « Rôle de la société civile dans la transition et la consolidation démocratique en Afrique : éléments de réflexion à partir du cas du Mali », *Revue internationale de politique comparée*, 2002/2, vol. 9, pp. 277-295.

Tshitshi Ndouba K. (2018), « Les limites du néoconstitutionnalisme africain : réflexions sur les distorsions constitutionnelles dans les états francophones d'Afrique noire », *Revista general de derecho publico comparado*, n° 23.

Vincent Darracq V.M. (2011), « Les élections en Afrique : un mirage démocratique ? », *Politique étrangère*, 2011/4 (hiver), pp. 839-850.

Wing S.D. (2000), « Constitutional dialogue: Participation and citizenship in the transition towards democracy in Mali, 1991–1999 ».

https://search-proquest-com.proxy.bibliotheques.uqam.ca/docview/304597607?accountid=14719

Yatala Nsomwe Ntambwe C. (2010), La révision constitutionnelle dans la Constitution congolaise du 18 février 2006, *Droit de la République du Congo, Études particulières.*

TABLE DES MATIÈRES

DROIT
AUX ÉDITIONS L'HARMATTAN

Dernières parutions

REPÈRES DE FISCALITÉ DES PROFESSIONNELS ET DES PARTICULIERS

Rock Dieudonné Landze Mbere

La fiscalité est un système de collecte et de redistribution de richesses fondée sur la contribution des ménages, des professionnels et des entreprises. Pour mieux jouer leur partition et s'orienter dans les affaires, le citoyen et le manager ont besoin des repères de fiscalité. Car, en raison de la contrainte financière, le contentieux fiscal au Congo va progressivement s'intensifier.

(320 p., 33 euros)

ISBN : 978-2-343-18620-7, EAN EBOOK : 9782140131783

LA DÉCENTRALISATION DANS LES PAYS FRANCOPHONES D'AFRIQUE DE L'OUEST

Jean-Luc Pissaloux

Cet ouvrage, constitué de contributions écrites par des universitaires, des experts et/ou des hauts fonctionnaires, démontre parfaitement combien la décentralisation est encore une sorte d'idéal-type à atteindre, et qu'elle est loin d'être une pratique effective, efficiente et efficace dans les pays francophones d'Afrique de l'ouest.

(Coll. Droits Publics, 390 p., 38,5 euros)

ISBN : 978-2-343-18272-8, EAN EBOOK : 9782140131653

L'APPLICATION DU DROIT D'AUTEUR AUX HYPERLIENS

Analyse de droit français et de droit américain

Mickaël Le Borloch

Cet ouvrage propose un travail de fond sur les droits français et américain concernant une problématique peu traitée malgré son importance pour le développement de l'internet et la protection des auteurs : l'application du droit d'auteur aux hyperliens.

(Coll. Le Droit aujourd'hui, 632 p., 49 euros)

ISBN : 978-2-343-16341-3, EAN EBOOK : 9782140131660

LES DYNAMIQUES D'INTÉGRATION EN ZONE FRANC EN LIEN AVEC LA ZONE EURO TOME II

Les nouvelles régulations économiques et/ou l'économie de l'intégration

Thimoté Dongotou

Ce deuxième tome fait des propositions sur les nouvelles dynamiques d'intégration en Afrique. Ainsi la prise en compte des partenariats public-privé (PPP) et des dimensions institutionnelles, sociales et anthropologiques est considérée comme de nouvelles régulations économiques et monétaires en Zone Franc Africaine et en zone euro. L'auteur aborde entre autres les grandes familles institutionnelles en économie ou la macroéconomie historique du courant européen contemporain

(Coll. Études africaines, 348 p., 36 euros)

ISBN : 978-2-343-13844-2, EAN EBOOK : 9782140130915

LE CONSTITUTIONNALISME EN EUROPE DE L'EST ET DANS LE MONDE ARABE

Mohamed Ibrahim Hassan

Préface du Dr Lauréline Fontaine

Bien qu'éloignés dans le temps et l'espace, les mouvements révolutionnaires est-européens de la fin des années 80 et du monde arabe des années 2010 ont en commun le constitutionnalisme qui a été le moyen immédiat de sortir du chaos révolutionnaire. S'il a été le dénominateur commun que les peuples ont utilisé pour instaurer les nouveaux régimes politiques qu'ils souhaitaient démocratiques, la singularité de chaque région et de chaque pays s'est imposée lors de la transition et de l'adoption des nouvelles Constitutions. Mais la démocratie ne se décrète pas. A l'instar de la Pologne ou de la Roumanie, les Etats arabes sont confrontés aux mêmes défis sur le chemin de la démocratisation.

(Coll. Droit comparé, 422 p., 40 euros)

ISBN : 978-2-343-17996-4, EAN EBOOK : 9782140131554

EXPÉRIENCES JURIDIQUES SUR LES DROITS HUMAINS

Marco Alberto Quiroz Vitale, Bassin Sandrine Marie-Thérèse Diringbin

Cet ouvrage collectif offre une contribution au débat sur les droits humains à la lumière des théories et de la méthodologie propres à la sociologie juridique. Parmi les questions analysées : les pratiques traditionnelles violant les droits des filles ; les violations de l'interdiction de torture dans la guerre contre la terreur ; les effets sociojuridiques de la globalisation sur le trafic humain...

(Coll. Harmattan Italia, 184 p., 28 euros)

ISBN : 978-2-336-31872-1, EAN EBOOK : 9782140131776

LA CRIMINALITÉ PHARMACEUTIQUE EN RÉPUBLIQUE DÉMOCRATIQUE DU CONGO

Une véritable menace au droit à la santé

Starmans Bofoe Lokangu

Préface de Mwayila Tshiyembe

Pendant que l'humanité assiste passivement à la criminalité pharmaceutique qui englobe la contrefaçon pharmaceutique, la fabrication et le commerce des médicaments falsifiés, gâtés, périmés, illicites ou de qualité douteuse, les patients mettent leur santé en danger. Comme instrument d'interpellation des autorités politiques et sanitaires, des professionnels de droit et de santé, l'ouvrage démontre qu'il est utopique de croire en l'exercice du droit à la santé en présence d'une criminalité pharmaceutique consacrée et institutionnalisée qui constitue une véritable menace pour lui. L'assainissement du secteur pharmaceutique et la répression dissuasive de pharmacriminels restent des mécanismes correctifs pour juguler ce fléau en RDC.

(Coll. Géopolitique mondiale, 238 p., 25,5 euros)

ISBN : 978-2-343-17537-9, EAN EBOOK : 9782140131448

LES DYNAMIQUES D'INTÉGRATION EN ZONE FRANC EN LIEN AVEC LA ZONE EURO TOME I

Les problèmes et scénarios

Thimoté Dongotou

Dans ce premier tome, Thimoté Dongotou étudie, en relation avec les crises économiques, les dynamiques d'intégration en zone franc à l'heure de l'euro. L'ensemble de l'ouvrage est construit autour de trois parties : la zone franc comme projet d'intégration et de développement économique (approches historiques et évolutives) ; les approches d'intégration par la fiscalité et les règles qui s'y appliquent ; la création monétaire en Zone Franc Africaine (ZFA).

(Coll. Études africaines, 498 p., 45 euros)

ISBN : 978-2-343-13843-5, EAN EBOOK : 9782140130908

COLLECTIVITÉS TERRITORIALES ET CINÉMA

Le droit public local du cinéma

David Chappat

Préface d'Olivier Henrard

À partir des années 1940, l'État a pris en charge la réglementation du cinéma en France pour aboutir à la création du Centre National du Cinéma. Depuis quelques dizaines d'années, c'est au niveau local que se poursuit cet effort. L'aide au cinéma permet de développer une politique culturelle, mais également de soutenir une politique sociale, éducative et surtout économique. Pour cela, une répartition des rôles s'est élaborée entre les différents niveaux de collectivités territoriales et de nombreux dispositifs ont été créés afin de couvrir toutes les activités cinématographiques. Mais la validité de certains mécanismes d'aide a été remise en cause, notamment vis-à-vis du droit européen et national de la concurrence.

(Coll. Droit des collectivités territoriales, 128 p., 14,5 euros)

ISBN : 978-2-343-18334-3, EAN EBOOK : 9782140130885

LA PROTECTION DES DROITS DES MIGRANTS

Interactions entre la protection des droits de l'hommes et la protection diplomatique et consulaire

Arafat Abi

Préface de Khadija Elmadmad

En 2018, respectivement le 10 décembre à Marrakech et le 17 décembre à New York, le Pacte mondial pour des migrations sûres, ordonnées et régulières et le Pacte mondial sur les réfugiés ont été adoptés. Premiers accords du genre, ils remplacent la question des migrations au coeur des défis. En effet, à l'heure de la mondialisation, une évidence est d'actualité : l'augmentation des flux migratoires. Et si les Etats tentent souverainement de gérer ces flux, on ne peut oublier que les droits de l'homme sont au-dessus de toutes considérations. La gestion harmonieuse et efficace des migrations doit donc être globale et prendre en compte à la fois les synergies de développement et la protection des droits des personnes migrantes.

(Coll. Le Droit aujourd'hui, 244 p., 25,5 euros)

ISBN : 978-2-343-18037-3, EAN EBOOK : 9782140130427

LES MUTATIONS CONSTITUTIONNELLES EN AFRIQUE NOIRE FRANCOPHONE

à partir des exemples du Congo, du Bénin et du Sénégal

Aimé Ange Wilfrid Bininga

Préface de Frédéric Joël Aïvo - Avant-propos de Babacar Gueye

Ce livre traite des mutations constitutionnelles dans les États d'Afrique noire francophone depuis le renouveau démocratique des années 1990. Ces mutations se manifestent au moyen de la révision constitutionnelle, des lois et règlements infra-constitutionnels, de l'interprétation des normes, de la pratique des acteurs de la vie politique et institutionnelle, de la suspension et de l'abrogation des constitutions. D'une part, elles favorisent le reflux des promesses démocratiques du début des années 1990 et d'autre part, à contresens de cette tendance, les mutations constitutionnelles participent à l'affirmation de l'irréversibilité de la dynamique démocratique.

(Coll. Harmattan Congo-Brazzaville, 360 p., 37 euros)

ISBN : 978-2-343-18410-4, EAN EBOOK : 9782140129926

SÉCURITÉ INTÉRIEURE : PROXIMITÉ ET GLOBALITÉ

Sous la direction de Franck Durand

Il est devenu nécessaire d'envisager la sécurité intérieure en termes de proximité et de globalité. Ainsi en est-il de la réforme emblématique de la nouvelle majorité : la police de sécurité du quotidien, entre présence au plus proche des citoyens et restauration de l'autorité de l'État sur le terrain. Dans le cadre de cette réforme, l'avenir du garde-champêtre, acteur traditionnel de la sécurité rurale, fait l'objet d'incertitudes. Les risques sociaux et sociétaux, les nouvelles menaces, s'inscrivent eux aussi dans plusieurs dimensions. Les rapports entre les acteurs de la sécurité reposent sur une nécessaire complémentarité. Enfin, la révolution numérique a créé un nouvel espace offrant aux prédateurs un nouveau terrain de chasse : cybercriminalité, cyberconflictualité et cyberguerre.

(Coll. Droit de la sécurité et de la défense, 186 p., 19,5 euros)

ISBN : 978-2-343-18095-3, EAN EBOOK : 9782140129100

DÉFIANCE, DOUTE, INCERTITUDE

Quelle place pour la notion de confiance dans les sociétés modernes ?

Sous la direction de Julie Tribolo

Héritières des Lumières, les sociétés modernes se caractérisent par un niveau de développement scientifique et technique toujours plus poussé. L'on pourrait s'attendre à ce que cette domination sans partage du scientifique rende les sociétés plus résilientes, mieux armées face à l'incertain, mais elle a plutôt abouti au contraire à les rendre intolérantes au doute et allergiques au risque. Dans un contexte de judiciarisation croissante des rapports sociaux, et en l'absence le plus souvent de toute certitude, comment le juge peut-il alors susciter l'adhésion des parties à ses décisions ? La confiance apparaît comme un antidote à l'incertitude.

(Coll. Droit privé et sciences criminelles, 90 p., 13 euros)

ISBN : 978-2-343-18231-5, EAN EBOOK : 9782140128677

Structures éditoriales du groupe L'Harmattan

L'Harmattan Italie
Via degli Artisti, 15
10124 Torino
harmattan.italia@gmail.com

L'Harmattan Hongrie
Kossuth l. u. 14-16.
1053 Budapest
harmattan@harmattan.hu

L'Harmattan Sénégal
10 VDN en face Mermoz
BP 45034 Dakar-Fann
senharmattan@gmail.com

L'Harmattan Cameroun
TSINGA/FECAFOOT
BP 11486 Yaoundé
inkoukam@gmail.com

L'Harmattan Burkina Faso
Achille Somé – tengnule@hotmail.fr

L'Harmattan Guinée
Almamya, rue KA 028 OKB Agency
BP 3470 Conakry
harmattanguinee@yahoo.fr

L'Harmattan RDC
185, avenue Nyangwe
Commune de Lingwala – Kinshasa
matangilamusadila@yahoo.fr

L'Harmattan Congo
67, boulevard Denis-Sassou-N'Guesso
BP 2874 Brazzaville
harmattan.congo@yahoo.fr

L'Harmattan Mali
Sirakoro-Meguetana V31
Bamako
syllaka@yahoo.fr

L'Harmattan Togo
Djidjole – Lomé
Maison Amela
face EPP BATOME
ddamela@aol.com

L'Harmattan Côte d'Ivoire
Résidence Karl – Cité des Arts
Abidjan-Cocody
03 BP 1588 Abidjan
espace_harmattan.ci@hotmail.fr

L'Harmattan Algérie
22, rue Moulay-Mohamed
31000 Oran
info2@harmattan-algerie.com

L'Harmattan Maroc
5, rue Ferrane-Kouicha, Talaâ-Elkbira
Chrableyine, Fès-Médine
30000 Fès
harmattan.maroc@gmail.com

Nos librairies en France

Librairie internationale
16, rue des Écoles – 75005 Paris
librairie.internationale@harmattan.fr
01 40 46 79 11
www.librairieharmattan.com

Librairie l'Espace Harmattan
21 bis, rue des Écoles – 75005 Paris
librairie.espace@harmattan.fr
01 43 29 49 42

Lib. sciences humaines & histoire
21, rue des Écoles – 75005 Paris
librairie.sh@harmattan.fr
01 46 34 13 71
www.librairieharmattansh.com

Lib. Méditerranée & Moyen-Orient
7, rue des Carmes – 75005 Paris
librairie.mediterranee@harmattan.fr
01 43 29 71 15

Librairie Le Lucernaire
53, rue Notre-Dame-des-Champs – 75006 Paris
librairie@lucernaire.fr
01 42 22 67 13

www.ingramcontent.com/pod-product-compliance
Lightning Source LLC
LaVergne TN
LVHW021227061026
849535LV00008B/2959